JN058899

イラストで見る

全単元・全時間
の授業のすべて

小学校 **2**年

生活

田村学 編著

東洋館
出版社

はじめに

　とある1年生の生活科の授業でのことである。クラスの子供たち全員で1年間の成長をカードに書き、振り返っていった。黒板は、できるようになったことや成長したこと、役割が増えたことなどのカードで溢れんばかりになった。そんな学習活動を通して、「私って、こんなにできるようになったんだね」と、発言した子供がいた。このように自己の成長を肯定的に捉え、さらなる成長に目を輝かせる姿は、私たちが期待する子供の姿であろう。

　このような学級における対話的な学びを通して、子供は多くのことに気付き、その質を高めていく。1人ではなくみんなで学習をすることで、互いの違いやよさを響き合わせていく。多様な子供のいる教室での授業は、こうして豊かに確かに子供自身が学びを生み出していく。

　生活科では、体験活動が欠かせない。なぜなら、私たちは体験を通して様々な情報を収集し、そのことから世の中の物事を認識し、身の回りの多くの出来事を学び深めていくからだ。特に低学年の時期においては、文字言語や音声言語によって理解する能力が十分に発達していない。だからこそ、目で見たり、耳で聞いたりするだけではなく、実際に触ってみたり、においをかいでみたり、味わったりする体験が大切になる。一方、体験活動を確かな学びに高めていくためには、言葉の存在を無視することはできない。体験を言葉に変える表現活動を授業の中で行う、言葉を使ってクラスの友達と学び合う授業を位置付けることが重要になる。

　そこで、本書では、新学習指導要領に基づき、体験活動を適切に位置付けた授業づくり、表現活動などによって学び合い高め合う生活科の授業づくりを明らかにしている。1・2年生の全単元を構想し、その全ての授業を見開き2頁の中で、授業イメージを伝えている。

　単元計画については、単元の目標、各小単元ごとの学習活動、3観点による評価規準を一覧にして示し、単元全体の概要を示した。授業については、「板書」「活動」「環境構成」をイラストで示すとともに、「導入」→「展開」→「まとめ」の流れに沿った本時の展開を示し、主体的・対話的で深い学びの視点からの授業をイメージできるようにした。

　読者の皆様には、本書を通して生活科の単元イメージと授業イメージを確かにしていただければ幸いである。生活科では、学校や地域の特色、子供の実態に応じた単元を構想し、授業実践することが多い。あくまでも本書を参考に、それぞれの教室の授業づくりに生かすことを考えていただきたい。授業力はイメージ力なのだから。

　最後に、本書の編集に当たり、ご尽力いただいた執筆者の皆様と適確な助言をいただいた東洋館出版社の近藤智昭氏、河合麻衣氏に心より感謝申し上げます。

令和2年2月吉日

田村　学

本書活用のポイント

本書は、全単元の１時間ごとの授業づくりのポイント、学習活動の進め方、板書や活動・環境構成のイメージなどがひと目で分かるように構成されています。活用のポイントは次のとおりです。

本時の目標
・授業改善の工夫

単元の目標を踏まえて、「本時の目標」を示している。毎時間ごとに主体的・対話的で深い学びの視点から「ポイント」を紹介することで、本時の中心的な学習活動、そこで期待する子供の姿、教師の配慮事項などの具体を示している。「資料等の準備」や右頁の「イメージ」と照らし合わせながら、本時の全体像を明らかにしている。

授業の流れ

１時間（学習活動によっては２時間）の授業の流れを、主に「導入」「展開」「まとめ」の３つに分けて示している。それぞれの場面では、どのような学習活動を行うのかが分かるようにイラストで示すとともに、具体的な説明を加えている。子供を中心とした学習活動を展開するために、教師はどのような点に配慮すればよいかについて示している。

本時案

「わくわく生き物園」にお客さんを招待しよう

10/12

本時の目標

わくわく生き物園にお客さんを招待し、自分の飼っている生き物について、それぞれの考えた方法でお客さんに紹介することができる。

資料等の準備

・事前に準備した物
（ポスター、紙芝居、新聞、本、ぬり絵、クイズ、えさなど）

対話的な学びの視点からの授業改善

→環境構成の工夫

point 1 例えば、前半に係の仕事をする、後半にお客さんに紹介をするというように、前半と後半に分けて時間環境の構成を意識する。当日の係の仕事がない子供は、紹介している友達の補助に回り、困ったときに助けてあげるなど、自信をもってお客さんに生き物の紹介ができるように工夫する。

point 2 お客さんには、可能な範囲で質問や感想を伝えてもらうようにし、状況に応じて行動する自己調整力を高めたい。そして、お客さんと対話する空間環境を整えることで、生き物に対する気付きの質を高めたり、さらに、調べてみたい疑問を抱いたりすることができる。そこから手応えをつかみ、自信をもつ姿を期待する。

授業の流れ ▷▷▷

1 めあてや役割分担を確認し、オープンに向けて意欲を高める

これまでがんばって準備を進めてきたことをほめ、自信をもって活動に取り組めるようにする。自分の役割を確実に行えるように、１時間の動きを表にしてまとめておき、それを見ながら確認する。表は掲示しておき、時間になったら動けるようにする。

2 係の仕事をしたり、お客さんに紹介したりする

役割の場所につき、お客さんの対応をする。お客さんに紹介を聞いてもらったり、質問してもらったりし、対話しながら生き物への気付きを深めたい。また、相手によって言葉遣いを変えたり、聞かれたことにすぐに答えたり、臨機応変に対応できるように促したい。

3　生きものとなかよし
088

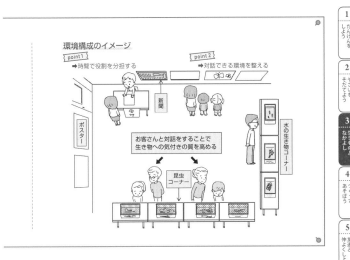

環境構成のイメージ

point 1
→時間で役割を分担する

point 2
→対話できる環境を整える

新聞

ポスター

お客さんと対話をすることで
生き物への気付きの質を高める

昆虫
コーナー

水の生き物コーナー

3 本時の活動を振り返り、感想を伝え合う

きちんと説明できました！

よくがんばったね！

喜んでもらえてうれしかった

お客さんから伝えてもらった感想を発表したり、それを聞いたときの自分の気持ちを発表したりしながら、達成感を味わえるようにする。また、子供の様子のよかったところやがんばりを伝え、自信をもたせたい。

┌─────────────────────┐
│ **期待する子供の反応** │
└─────────────────────┘

自分の飼っている生き物について、（お客さんに）自信をもって紹介している。

1 ［導入］
いよいよ生き物園のオープンだ！お客さんにしっかり伝えるぞ。

↓

2 ［展開］
生き物クイズをやっています。えさやりしてみますか。ダンゴムシの足の数は…。このバッタの名前は…です。

↓

3 ［まとめ］
お客さんが生き物のことがよく分かったと言ってくれて、うれしかった。がんばってよかったな。

第10時
089

┌─────────────────────┐
│ **板書・活動・環境構成** │
└─────────────────────┘

授業のイメージを明らかにするために「板書」「活動」「環境構成」のいずれかをイラストで示している。活動性豊かな動的な場面では、活動の具体的な姿や学習環境をどのように構成すれば子供の学習活動が高まるかを示している。話合いや情報交換などをクラス全体で一斉に行う場面では、子供の学習活動を質的に高めていく構造的な板書を示している。

┌─────────────────────┐
│ **期待する子供の反応** │
└─────────────────────┘

授業において、どのような子供に変容してほしいかを「期待する子供の反応」として示している。「導入」「展開」「まとめ」のそれぞれの場面における子供の姿として示すことで、「授業の流れ」と照らし合わせて授業イメージを具体化することができるようにしている。また、単元の指導計画における評価規準と結び付けて活用することもできる。

7 こんなに大きくなったよ　　　　　　　　　18時間　168

生活科における
授業のポイント

体験活動と表現活動の相互作用によって、気付きの質が高まるような授業をしよう！

1 授業づくりに求められる教師の「イメージ力」

「子供が主体的に学習する授業を実現したい」

「子供の成長が実感できる授業をしてみたい」

このように考えるのは、教師であれば誰もが同じであろう。教師の喜びは子供の成長やその姿にあり、それは日々の授業の積み重ねによって実現される。そうした授業を実現できる力を身に付けることが、多くの教師の願いであることは間違いない。

では、どのような力があれば、そうした授業が実現できるのだろうか。私は、「イメージ力」こそが、優れた授業を実現する重要な教師力であると考える。

全ての教師が授業のイメージをもち、その授業を目指して実践の準備を整える。単元を構想し、授業展開を考えながら、学習指導案を作成していく。このときに、それぞれの教師のもっているイメージが、クリアであればあるほど、その実践に迫りやすいことは言うまでもない。ぼんやりとした授業を目指そうとしても、それは難しい。自分のクラスの子供一人一人が、本気になって学習活動に没頭する姿を具体的に思い浮かべることができる授業イメージであれば、その実現の可能性は飛躍的に高まる。

この「イメージ力」は、生まれながらに備わっているものではなく、日々の精進と努力によって確実に高めることができる教師力であり、具体的には次の点を心がけることが欠かせない。

①行う：自ら授業を実践し、多くの人に参観してもらう
②見る：多くの優れた授業実践を参観する
③語る：日々の授業実践について語り合う

授業を「行う、見る、語る」ことを繰り返す中で、一人一人の教師の「イメージ力」は確実に向上していく。

とりわけ生活科は、学校や地域で扱う学習対象や素材が変わり、その結果、単元構成も1時間1時間の授業も各学校で異なることが多い。このことが生活科としての好ましい独自性を生み出しているものの、実践する側としては授業づくりの難しさにもつながっている。だからこそ、一人一人の教師の「イメージ力」を高め、各学校や地域の特色に応じた、自分の学級に相応しい生活科の授業づくりを実現することが大切になる。

2 2つの「イメージ力」

実際に授業づくりを確かなものにしていくためには、2つの「イメージ力」が必要となる。

○単元のイメージ力
○本時のイメージ力

この2つのイメージを鮮明にすることにより、単位時間の授業が確かなものになる。

単元をイメージする際には、図1を参考にしたい。生活科では、学習活動が質的に高まっていくことを期待する。しかし、ただ単に活動や体験を繰り返していれば高まっていくわけではない。そこ

で、話合いや交流、伝え合いや発表などの表現活動が単元に適切に位置付けられる。この体験活動と表現活動のインタラクション（相互作用）が学習活動を質的に高めていく。例えば、1回目のまち探検に行き、そのことを教室で発表し合いながら情報交換する。すると、子供は「僕の知らないことがいっぱいあるんだなあ。また、まち探検に行きたいな」と、2回目のまち探検が始まる。2回目のまち探検の後、教室で地図を使ってまちのすてき発見を紹介し合っていると「僕たちのまちって、すてきな人がいっぱいいるんだな。もっと、お話が聞きたいな」と、インタビュー探検が始まる。このように、生活科では、体験活動と表現活動とを相互に繰り返しながら、学習活動の質的な高まりが実現されていく。

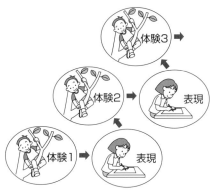

図1　生活科の単元

授業をイメージする際には、図2を参考にしたい。およそ全ての授業では、子供に何らかの変容を期待する。それは、関心や意欲の高まりであったり、真剣に考え何かに気付くことであったりする。そのような授業を実現するためには、まず、子供の姿を確かに捉え「見取る」ということが必要であり、その姿がどのように変容することを期待しているのかを示す「見通す」ことが欠かせない。この両者を結び付けるところに「具現する」45分の授業が存在し、そこで教師が様々な取組をすることになる。つまり、入り口の「見取る」と出口の「見通す」がなければ、「具現する」を考え、イメージすることは難しい。

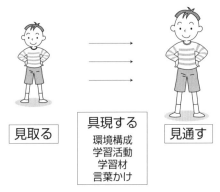

図2　授業の構造

3　生活科の授業を具現するポイント

　生活科では、子供が充実した活動や体験をするとともに、そこで生まれる気付きが大切である。この気付きが質的に高まることによって、学習活動は一層充実したものへと高まっていく。学習環境の構成や学習活動の設定などで生活科の授業を「具現する」ときには、この気付きの質を高める以下の4つを意識することがポイントとなる。

○振り返りや表現する学習活動　　○伝え合いや交流する学習活動
○試行錯誤や繰り返す学習活動　　○多様性を生かした学習活動

　実際に体験活動を行う際には、単発の体験ではなく没頭して何度も挑戦できるような体験活動を行うことが大切である。また、一人一人の思いや願いが実現される多様性を十分に保障し、そのことを生かし高めることを大切にしたい。この体験活動を生かし、確かな学習活動へと高めていくためにも、発表や交流、話合いや伝え合いなどの表現活動を行うことが大切になる。つまり、この表現活動を行うことで振り返りの機能が働き、自らの行為や体験を意味付けたり価値付けたりしていくことができる。また、無自覚な気付きを自覚したり、一つひとつの個別の気付きを関連付けたりして気付きの質を高めることにつなげていくことができる。

4　2年間を見通した年間指導計画と授業づくり

　生活科では、単元と単元のつながりや関係を意識することが大切である。例えば、季節に応じて単元を配列すること、特定の対象を中心に複数の単元を関係付けること、ストーリー性を重視して単元を連続すること、などが考えられる。学校や地域の特色、子供の実態等に応じて、2年間を見通した年間指導計画を作成することが大切である。

　その際、「幼児期の終わりまでに育ってほしい姿」を手がかりに幼児教育と小学校教育をつなげるとともに、2年間における子供の成長や第3学年以降の学習への接続にも留意することが大切である。指導計画の作成に当たっては、子供の成長や発達を見通し、2年間の中で具体的な活動や体験が拡充されるようにすることが大切である。そのためには、学年による発達の特性に十分留意し、体験や気付きの質が着実に高まるような工夫をすることが求められる。低学年の子供の知的な発達や行動力の伸長は目ざましく、第1学年と第2学年では、対象への関心の向け方や関わり方にも違いがある。また、学年が進むにつれ、具体的な活動への思いや願いも、情緒的なものから次第に知的なものへと比重が増してくる。したがって、単元を作成するに当たっては、学習対象の選び方や学習活動の構成が変わってくることが考えられる。生活科では、このような2年間を見通した指導計画を作成することによって、身近な生活に関わる見方や考え方を働かせて気付きの質を高め、3つの資質・能力をバランスよく育成していくことが大切である。

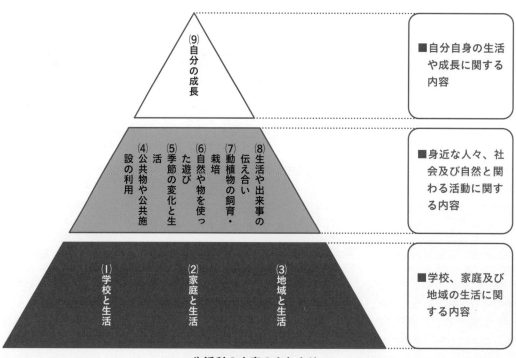

生活科の内容のまとまり

子供のイメージを広げる
構造的な板書を!

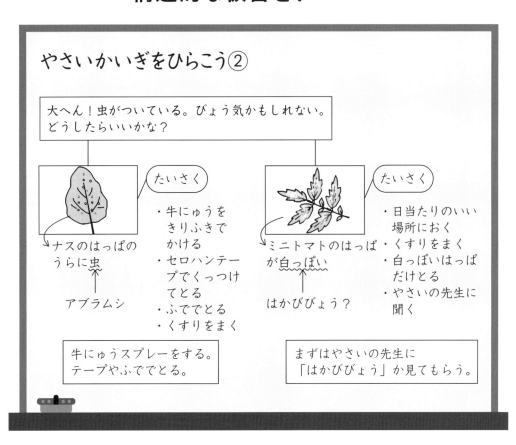

子供のイメージを広げる

　板書によって、次の学習活動のイメージを広げ、明らかにしていくことができる。そのためには、文字だけではなく図や絵、写真や映像などを使って板書を構成し、子供が鮮明なイメージをもてるようにすることが大切になる。また、ポイントなどを示すことで次の学習活動を行う際の留意点などの確認にも活用できる。

子供が体験を振り返る

　板書を見ることによって、これまでの学習活動を振り返ったり共有したりすることになり、新たな発見や気付きを生み出すことができる。そのためにも、子供の発言やつぶやきを構造的に示すことが欠かせない。また、書き込む文字やマークなどの位置、大きさ、色づかいなどに配慮し、関係性を意識した板書を構成したい。

板書指導での留意事項

　生活科では、板書を行う授業とそうでない授業が考えられ、他の教科と比べて板書を行う機会は比較的少ない。それは、具体的な活動や体験をすることが第一に考えられ、そうした授業では板書などを行う必要が少ないからである。低学年であることを考えると、文字を少なくし、絵やイラスト、写真やマークなどを工夫して板書を構成することが大切になる。黒板全体から次の学習活動のイメージを豊かに広げたり、振り返りながら新たなことに気付いたりするような板書構成に配慮したい。

活動の ポイント

子供の意欲を引き出す、豊かな活動を！

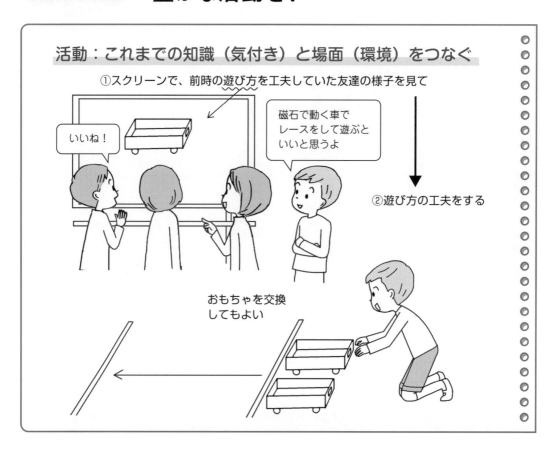

活動：これまでの知識（気付き）と場面（環境）をつなぐ

①スクリーンで、前時の遊び方を工夫していた友達の様子を見て

いいね！

磁石で動く車で
レースをして遊ぶと
いいと思うよ

②遊び方の工夫をする

おもちゃを交換
してもよい

試行錯誤や繰り返しを重視する

　活動や体験は、単発ではなく、何度も何度も繰り返し行ったり、改善に向けて試行錯誤したりしていくことが大切である。そうすることで、事象との関わりは深まり、かけがえのない存在になっていくからである。毎日継続して行ったり、条件を変えて再試行したりできる活動を用意したい。

多様性を保障する

　生活科では、子供たち一人一人の思いや願いを大切にすることが重要である。そして、それぞれの思いや願いに寄り添うことで、学習活動が多様に広がることにつながる。したがって、教師は活動の多様性を好ましいものとして捉え、それを生かしながら豊かな学習活動へと高めていくことを意識したい。

活動における留意事項

　生活科において、具体的な活動や体験を行うことは、教科目標の冒頭にも示されているように、何よりも重視すべきことである。子供が、体全体で身近な対象に直接働きかける創造的な行為が行われるようにしなければならない。ここで言う具体的な活動や体験とは、例えば、見る、聞く、触れる、つくる、探す、育てる、遊ぶなどして直接働きかける学習活動であり、そうした活動の楽しさやそこで気付いたことなどを言葉、絵、動作、劇化などの方法によって表現する学習活動のことを示している。

空間、時間を意識し、
対話が広がる環境を整えよう！

環境構成のイメージ　**教室の壁面に図書館の人に教えて
もらっているときの写真を掲示する**

友達と教え合うときには、自分の伝えたいことの写真の近くに行き、写真と合わせてカードを使い
伝え合う（タブレット端末で写真を見せてもよい）。
自由にペアを変えながら、教え合うようにし、感想を付箋紙に書いて渡すようにする。

写真

感想を
記入する

写真

付箋紙

写真を見ながら対話

空間環境の構成を意識する

　学習環境を構成する際には、空間をどのように構成するかが重要である。場所はどこで行うか、広さは適切であるか、子供の動線に合った配置やレイアウトになっているか、材料や道具は適切かなどについて十分な配慮をしていくことが欠かせない。環境構成によって、子供の主体的・対話的な学びが生み出される。

時間環境の構成を意識する

　学習環境を構成する際には、時間をどのように構成するかも重要になる。どの時刻に行うか、時間は十分に確保されているか、一人一人の活動時間の違いに対応しているかなどについて十分な配慮をしていくことが欠かせない。時間は目に見えにくい環境構成の要素であるが、活動の正否を左右する重要なものである。

環境構成における留意事項

　学習環境を整えることによって子供の学習活動を支えるという考え方は、環境を通して学ぶことを大切にしている幼児教育に学ぶことが多い。一人一人の子供の思いや願いを重視し、自ら主体的に活動を行うようにするには、子供の関心はどこにあるのか、子供は何を実現したいのかなどを、あらかじめ捉えておくことが欠かせない。その捉えをもとに、時間、空間、人間などの子供を取り巻く学習環境を適確に構成することが大切である。

2年生における年間指導計画と作成のポイント

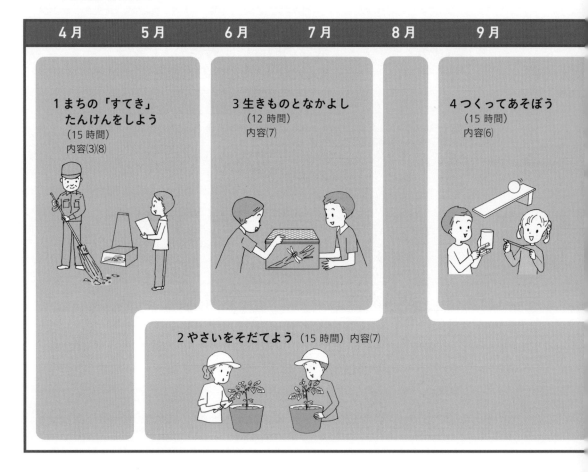

| 4月 | 5月 | 6月 | 7月 | 8月 | 9月 |

**1 まちの「すてき」
たんけんをしよう**
(15 時間)
内容(3)(8)

3 生きものとなかよし
(12 時間)
内容(7)

4 つくってあそぼう
(15 時間)
内容(6)

2 やさいをそだてよう (15 時間) 内容(7)

▷▷▷ 年間指導計画作成のポイント

1．行動力の発揮を目指す

　2年生の年間指導計画作成上のポイントは、成長とともに育ってきた行動力を発揮し、多様な学習活動を行ったり、広いエリアに出かけたりする子供になることである。そのときに、子供の協同性やコミュニケーション力の育ちを視野に入れておくことが大切になる。2年生になり、クラスの友達と力を合わせて解決したり、地域に様々な人と関わることができるようになる。このことを生かして、年間のストーリーを以下のようにイメージした。

　1つは、活動エリアを広げる単元を設定する。「1　まちの『すてき』たんけんをしよ

う」「6　図書館に出かけよう」などは、子供の活動エリアを学校から地域へと大きく広げていく。このことは、同時に地域の人との関わりを生むことにもつながる。

　2つは、子供に任せ、子供に責任が生まれる単元を設置する。「2　やさいをそだてよう」「3　生きものとなかよし」「4　つくってあそぼう」「5　幼稚園の友達と仲よくしよう」では、生物の飼育、野菜の栽培、遊びの創造などを個人を中心に行いながら、他者との協同を位置付けた単元としていく。

　3つは、自らの成長を誕生にまで遡って振り返り、未来への夢を抱く「7　こんなに大きくなったよ」を設定する。

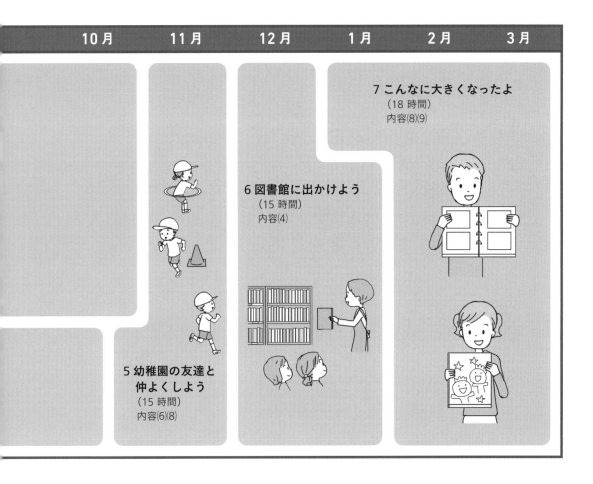

| | 10月 | 11月 | 12月 | 1月 | 2月 | 3月 |

7 こんなに大きくなったよ
（18 時間）
内容(8)(9)

6 図書館に出かけよう
（15 時間）
内容(4)

**5 幼稚園の友達と
仲よくしよう**
（15 時間）
内容(6)(8)

2．作成上の配慮事項

　実際に年間指導計画を作成する際には、次の点に配慮しなければならない。

　1つは、扱う内容のバランスである。1学年と2学年を視野に入れながら、2年間で全ての内容を扱うことが求められる。その際、バランスのよい時数の割り振りが大切になる。

　2つは、子供の実態に合わせることである。各学校の子供の実態、1年生と2年生の発達の違いなどを十分に検討すべきである。

　3つは、地域の環境を生かすことである。学校の周囲の学習環境を存分に生かした生活科学習を実践したい。

　4つは、各教科等との関わりを見通すことである。各教科等で身に付けた知識や技能を、具体的な活動や体験の中で活用し、つながりのあるものとして組織化し直すことが期待できる。

　5つは、幼児期の教育や中学年以降の学習との関わりを見通すことである。具体的には、スタートカリキュラムをはじめとする幼児期の教育との連携、2学年間における子供の発達との関わり、第3学年以上の学習との関わりに配慮する。

　6つは、学校内外の教育資源の活用を図ることである。全校的な協力体制に加え、保護者や地域の人々、公共施設の人々などから協力が得られる体制づくりが必要である。

イラストで見る
全単元・全時間の授業のすべて
生活　小学校２年

1 まちの「すてき」たんけんをしよう

15時間

1時	2時	3時	4時	5・6時	7時
第1小単元（導入）			**第2小単元（展開①）**		
通学路探検の経験や探検する活動を通して、地域の人々や場所、事柄により関心をもとうとする。			方面別グループで約束を確認し、探検への思いや願いをもって、まち探検をしようとする。		

第1小単元（導入）

通学路探検の経験や探検する活動を通して、地域の人々や場所、事柄により関心をもとうとする。

1．1年生の通学路探検を思い出そう
通学路探検の経験を話し合い、何があったか、どんな人がいたか、どんな約束があったかを思い出す。

2．もう一度、通学路探検をしてみよう
通学路で見付けた場所や出会う人々、約束を確認しながら、みんなでもう一度探検をする。

3．気付いたこと、発見したことを話し合おう
探検をして、再発見したり改めて気付いたりした場所や人々、出来事などを話し合う。

☺自分の身近な場所、人々、ものに関心をもち、約束を守りながら安全に探検しようとしている。

第2小単元（展開①）

方面別グループで約束を確認し、探検への思いや願いをもって、まち探検をしようとする。

4．方面別グループで探検の計画を立てよう
グループで、前回の探検を思い出しながら、約束を確認したり、行きたい場所を決めたりする。

5・6．まち探検に出かけよう
グループで決めたことを思い出し、まち探検をする。

7．気になる！もっと知りたいを見付けたよ
探検して、関わった場所や人のことを話し合い、気になる、もっと知りたいということから、次の探検の計画を立てる。

♪知りたいことに合わせて、いつ、誰に聞くのかについての計画を明らかにしている。
☺気になる場所、もの、人について見たり聞いたりして調べようとしている。

本単元について

単元の概要と育成を目指す資質・能力

　本単元は、学習指導要領の内容(3)「地域と生活」、内容(8)「生活や出来事の伝え合い」を基に単元を構成し、内容構成の具体的な視点としては、イ「身近な人々との接し方」、ウ「地域への愛着」、カ「情報と交流」を位置付けて単元を構成している。本単元においては、身近な生活に関わる見方・考え方を生かして学習活動を展開し、一人一人の資質・能力の育成を目指していく。それは、自分の身近な場所や人々に目を向け対象を捉え、まちの「すてき」を見付けよう、知ろう、という思いや願いをもって活動することである。

　そのために、本単元では、1年生で学習した通学路探検の経験を活かし、方面別に分かれて探検をする。そして、身近な人々や場所と関わる活動を繰り返し行う。その際、一人一人が願いや思いをもって活動し、適切に接したり、対象について考えたり、関わりの楽しさを感じたりできるようにする。また、気付いたことや得た情報を学級で伝え合うことで、互いの意見を認め合い、まち全体のよさや、自分のよさに気付き、まちへの愛着をもってほしい。

1 まちの「すてき」を たんけんを しよう

2 やさいを そだてよう

3 生きものと なかよし

4 つくって あそぼう

5 幼稚園の 友達と 仲よくしよう

6 図書館に 出かけよう

7 こんなに 大きくなったよ

単元の目標

　まちを探検したり、まちの「すてき」を見付けたりする活動を通して、自分の方面で気になった場所や人々の様子について考えることができ、自分たちの生活は様々な人や場所と関わっていることが分かり、関わった人や場所に親しみをもったり、自分のまちに愛着をもったりして適切に接し、安全に生活することができるようにする。

8・9時	10時	11時	12・13時	14時	15時
第3小単元（展開②）			**第4小単元（終末）**		
調べたり、気付いたりしたことを話し合う活動を通して、まちの「すてき」を見付けようとする。			今までの活動を通して、自分を振り返り、自分にとってのまちのよさを感じようとする。		

8・9.「気になる」「もっと知りたい」を調べに探検に行こう
気になる、もっと知りたい場所や人、事柄について知るために目的をもって探検をする。

10. まちの「すてき」を見付けたよ
探検をして気付いたり分かったりしたことを話し合い、まちの「すてき」に気付く。

11. まちの「すてき」をもっと見付けよう
自分が関わった場所や人の「すてき」をもっと見付けたいという思いに沿って、探検計画を立てる。

🖊自分たちの生活には地域の様々な場所、もの、人が関わっており、まちの「すてき」だということに気付いている。
☺地域に親しみや愛着をもってこれからも接しようとしている。

12・13. まちの「すてき」探検をしよう
自分が関わった場所や人、事柄の「すてき」を見付け、知るために目的をもって探検をする。

14. もっとまちの「すてき」を見付けたよ
探検で気付いたまちの「すてき」を話し合う。

15. まちの「すてき」No.1を伝えよう
探検を振り返り、自分にとってNo.1のまちの「すてき」を自分なりの表現方法で伝える。

🖊身近な人々と関わることの楽しさに気付いている。
✋自分の「すてき」No.1を選び、分かりやすい伝え方の工夫をしている。

【評価規準】🖊…知識・技能　✋…思考・判断・表現　☺…主体的に学習に取り組む態度

本単元における主体的・対話的で深い学び

　本単元では、地域との交流だけでなく、学級での話合いも大事にすることで、活動や体験の充実と学びの深まりを図りたいと考える。

　第1・2小単元では、通学路探検の経験を生かして約束を守る、挨拶をする。そして、身近な場所や人々に改めて目を向けて交流することで、関わることの楽しさを感じたり、身近な地域を捉え直したりできるようにしたい。

　第3小単元では、目的をもって関わることで、相手を意識し、言葉を選びながらインタビュー内容や調べ方を考える。また、分かったことや気付いたことを学級で共有することで、まち全体を捉え始めたり、自分の対象を捉え直したりし、新たな探究へと導いていきたい。

　第4小単元では、自分の考えや予想をもって、インタビューをしたり体験をしたりしながら考えを深めていけるようにしたい。そして、学級で共有することで、まち全体のよさを感じられるようにしたい。また、今までの活動から、自分にとってのまちの「すてき」を振り返ることで、地域へ愛着や親しみをもち、自分もまちの一員とし、希望をもって生活しようとする子供を育てたい。

本時案

1年生の
通学路探検を
思い出そう

本時の目標

　1年生の通学路探検を思い出す活動を通して、探検する際の約束や、通学路で出会う人や場所を再度確認し、また探検に行きたいという思いをもつことができる。

資料等の準備

・学区内地図（簡単に表したもの）
・学習カード 2-1-1 💿

主体的な学びの視点からの授業改善
➡板書の工夫

point 1 通学路探検を思い出す際、同じ方面別グループに分かれて座席を設定する。そうすることで、同じ経験をしている友達と情報を共有し合い、より経験を思い出すことができ、地域に再度目を向けることができるようにする。

point 2 通学路が簡単に描かれた地図（1年生のときに使用していれば、同じ物がよりよい）を用意し、思い出したものを書き込んでいく。そうすることで、自分たちがまだ気付いていない場所や人がいるのではないかという思いや、もっと調べてみたいという意欲を高められるようにする。

授業の流れ ▷▷▷

1 1年生で行った通学路探検を思い出す

　通学路探検での経験を思い出しやすいようにそれぞれの方面別グループに分かれて座席を設定する。発表し合ったことを板書していくことで、通学路には様々な人や場所が存在していたことを思い出し、「また行きたい」という意欲をもたせる。

2 また探検に行くために、通学路探検での約束を思い出す

　「また探検に行きたい」という意欲だけでなく、安心して探検に行くことができるように、通学路探検での約束を確認する。また、それも板書に残し、その後、掲示物にしておくことで、安心だけでなく自信ももって探検に臨めるようにする。

通学ろたんけんを思い出そう

たんけんでのやくそく
・あいさつをする ・しんごうをまもる
・走らない ・はじを歩く

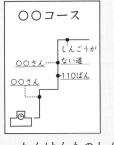

○○コース
しんごうが
ない道
○○さん
110ばん
○○さん

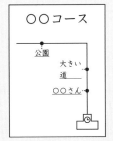

○○コース
公園
大きい
道
○○さん

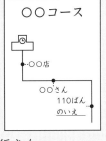

○○コース
○○店
○○さん
110ばん
のいえ

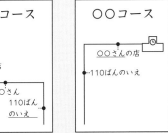

○○コース
○○さんの店
110ばんのいえ

・たんけんたのしかった
・やくそくが大じだと
　思い出した

・また行きたい
・もっとはっ見できるかもしれない

➡ やくそくをまもって、また
　たんけんに行ってみよう

---

3 まち探検への思いを広げる

どんなことを
発見できるかな

　通学路探検を思い出した活動を振り返ることで、子供の「また、まちへ探検に行ってみたい」「今度は○○を探してみたい」「次はどんな発見ができるか楽しみ」等の思いを見取り、探検をする際の声かけや支援へとつなげていけるようにする。

期待する子供の反応

通学路探検の経験から、また探検に行きたいという意欲をもつ。

1 [導入]
いつも挨拶してくれる人がいるんだよね。探検楽しかったな。

2 [展開]
また探検に行きたいな。あのときの約束を守れば、安心だよね。

3 [まとめ]
今度はどんな発見ができるか楽しみだな。通学路探検で約束を守って探検できたから、今度も安全に探検ができそうだな。

1 まちの「すてき」たんけんをしよう

2 やさいをそだてよう

3 生きものとなかよし

4 つくってあそぼう

5 幼稚園の友達と仲よくしよう

6 図書館に出かけよう

7 こんなに大きくなったよ

もう一度、通学路探検をしてみよう

2/15

本時の目標

　約束を守りながら探検する活動を通して、自分にとっての身近な場所や人々に改めて目を向けることができる。

資料等の準備

・携帯電話
・簡易救急セット
・探検バッグ
・タブレット端末
・デジタルカメラ
・学習カード 2-1-2、2-1-3 💿

対話的な学びの視点からの授業改善

➡活動の工夫

○**point 1** それぞれの方面別にある、店や施設等に子供たちが探検で訪れることや、そのねらいについて事前に話し、対応をお願いしておく。方面別で行動するため、担任1人では対応が難しい。そのため、事前に職員や保護者に声をかけ、ボランティアを募っておく。また、探検の趣旨やねらいも事前に伝えておく。

○**point 2** 探検をしたことを振り返る際に、より自分の思いを言葉で表現したり、次時への意欲を高めたりすることができるように、学習カードを持たせ、探検しながら記録できるようにする。また、写真でも記録し、支援できるようにしておく。

授業の流れ ▷▷▷

1 約束を確認し、一緒に出かけてくれる方に挨拶をする

よろしくお願いします

　探検に行く前に、地域の方に挨拶をする。道の歩き方に気を付ける、迷惑がかからない場所で学習カードを書いたり休憩をしたりする、協力してくれる方の話を聞くなどの約束を確認する。また、協力してくれる方に、「お願いします」の挨拶をする。

2 方面別に通学路探検をする

○○商店

　より自分の身近な場所や人々に関心をもって探検することができるように、「この薬屋さんの中はどうなっているんだろうね」というような通学路探検での経験から視野を広げられるような声かけをしたり、子供が新たに発見したことを写真で撮ったりしておく。

活動：通学路探検をする

スムーズに活動するためのポイント

事前に打ち合わせ

○○店

ボランティア募集

当日、よろしく
お願いします

気付きを深めるためのポイント

カードや写真に記録

あっ掃除している

薬屋さんの中は
どうなっている
のかな

---

3 次にしてみたいことを学習カードに書く

公園で掃除を
していたな

探検をして改めて発見したことや気付いたりしたことを書いた学習カードを基に、今日の活動を振り返り、探検して思ったこと、次にしてみたいことを言葉や絵で表現する。より具体的に次の探検の思いをもっている子供の言葉を大切にし、次時につなげる。

期待する子供の反応

再度、通学路を探検し、身近な場所や人々に改めて関心をもつ。

1 [導入]
1年生のときみたいに約束を守って探検できそう。また何か発見したいな。

↓

2 [展開]
なんとなく前を通っていたけど、中が気になるな。いつも遊んでいる公園で、誰かが掃除をしていたよ。

↓

3 [まとめ]
約束を守りながら探検をすることができたよ。薬屋さんの中がどうなっているか知りたいな。

1 まちの「すてき」たんけんをしよう

2 やさいをそだてよう

3 生きものとなかよし

4 つくってあそぼう

5 幼稚園の友達と仲よくしよう

6 図書館に出かけよう

7 こんなに大きくなったよ

本時案

気付いたこと、発見したことを話し合おう

 3/15

本時の目標

　探検を通して気付いたことや発見したことを話し合う活動を通して、自分の身近な場所や人々に目を向け、もっとまちを探検したい、関わりたいという意欲を高めることができる。

資料等の準備

・方面別地図
・写真（必要に応じて使用）
・子供がカードに描いた絵のコピー
　（必要に応じて使用）
・学習カード 2-1-4 💿

深い学びの視点からの授業改善

➡板書の工夫

point 1 子供の思いを板書で色分けや言葉で分類することで、まだまだ知らなかったことがあったり、気になる場所や人がいたりすることに気付かせる。

point 2 子供の「気になる」「不思議」という思いを取り上げることで、自分の方面にも、実は「気になる」「不思議」があるということに気付かせたり、話し合いながら新たに「気になる」「不思議」が見付かったりし、次の探検への意欲を高める。同時に、その「気になる」「不思議」を具体的な場所や人々にしていくことで、関わりたいという意欲を高めたい。

授業の流れ ▷▷▷

1 探検して気付いたことや発見したことを話し合う

また、幼稚園の先生に会いたいです

　探検をして、改めて気付いたことや発見したこと、気になっていることなど、子供が伝えたいと思っていることを、板書で整理していく。その際、子供の思いに沿って「発見」「気になっていること」「不思議」などで分類し、見て分かるようにする。

2 「気になる」「不思議」に注目する

地域センターの人はどんなことをしてるかな？

　話し合う中で出てきた「気になる」「不思議」など、次の探検のめあてとなる子供の思いを取り上げ、全体に投げかける。そして、もっとまちを探検したい、自分の身近な場所や人々について知りたいという意欲を高めることができるようにする。

1 まちの「すてき」たんけんをしよう
2 やさいをそだてよう
3 生きものとなかよし
4 つくってあそぼう
5 幼稚園の友達と仲よくしよう
6 図書館に出かけよう
7 こんなに大きくなったよ

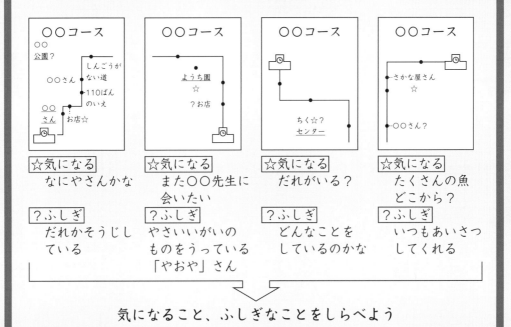

たんけんをして分かったことを話し合おう

○○コース	○○コース	○○コース	○○コース
○○公園？ しんごうがない道 110ばんのいえ ○○さん ○○さん お店☆	ようち園☆ ？お店	ちく☆？センター	さかな屋さん☆ ○○さん？
☆気になる なにやさんかな	☆気になる また○○先生に会いたい	☆気になる だれがいる？	☆気になる たくさんの魚どこから？
？ふしぎ だれかそうじしている	？ふしぎ やさいいがいのものをうっている「やおや」さん	？ふしぎ どんなことをしているのかな	？ふしぎ いつもあいさつしてくれる

気になること、ふしぎなことをしらべよう

3 自分の気付きを絵や言葉で表現する

魚屋さんに探検に行きたいです

話合い活動を振り返り、自分の気付きや思いを絵や言葉で表現する。その際、「私も薬屋さんの中が気になるので入って探検をしてみたいです」というような、次の探検のめあてにつながる具体的な思いを大事にし、身近な場所や人々と関わりたいという意欲を高めたい。

期待する子供の反応

話し合うことで、場所や人々と関わりたいという意欲をもつ。

1 ［導入］
まだまだ知らなかったことがあったな。気になるところも出てきたな。

2 ［展開］
そういえば、あの施設の中も気になるな。こっちの公園も掃除していたな。どうしてだろう。

3 ［まとめ］
あの施設の中を調べてみたいな。私がよく遊ぶ公園も掃除しているのか調べてみたいな。

本時案

方面別グループ で探検の計画を 立てよう

本時の目標

　方面別グループで、一人一人の「気になる」「不思議」を共有し合い、どこに行くか、誰に会いに行くかを決めたり、約束や適切な関わり方を確認したりしながら、計画を立てることができる。

資料等の準備

・付箋紙
・方面別地図
・学習カード 2-1-5 💿

主体的な学びの視点からの授業改善

➡活動の工夫

🔎 **point 1**　付箋紙や、方面別地図を使って、考えることで、探検の計画を立てるという見通しをもって活動できるようにする。

🔎 **point 2**　方面別グループで計画を立てることで、自分たちの思いや願いを明確にし、次の探検への見通しをもったり、関わりへの意欲を高めたりできるようにする。

　また、同じ方面グループにすることで情報を共有しやすくする。そのため、互いの思いを聞き合いながら、自分と同じまたは違う場所に興味をもっているということがはっきりと理解できる。そして、より探検への興味が広がり、自分の身近な場所、もの、人を調べたいという思いへつながっていくようにする。

授業の流れ ▷▷▷

1 自分の「気になる」「不思議」から行きたい場所を1つ選ぶ

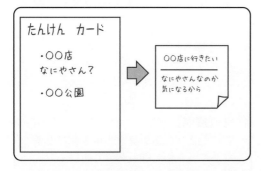

　次の探検の目的を明確にするために、自分の「気になる」「不思議」の中から1つを選び、付箋紙に書く。そして、その際には、その理由も一緒に書くようにし、グループで話し合う際に自分の思いを伝えることができるようにする。

2 グループで行く場所を決める

　自分の思いを書いた付箋紙を使って、友達と伝え合いながら方面別地図に貼っていく。その際、話合いに教師も入り、教師が関わってほしいと考えている場所や人と子供の思いを合わせながら決めていく。また、適切な関わり方についても伝える。

活動：方面別グループで自分たちの計画を立てる

🔍point
　自分たちの思いや願いが明確になることで、探検への見通しがもて、主体的に活動に臨めるようになる。

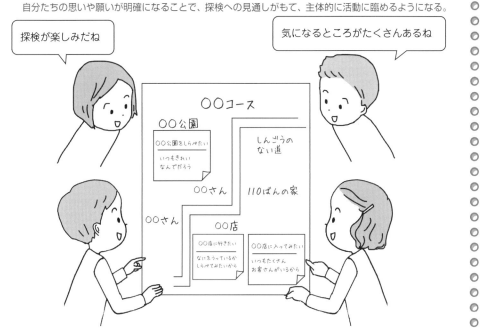

探検が楽しみだね

気になるところがたくさんあるね

〇〇コース
〇〇公園
〇〇公園をしらべたい
いつもきれいなんでだろう
しんごうのない道
〇〇さん
110ばんの家
〇〇さん
〇〇店
〇〇店に行きたい
なにをうっているかしらべてみたいから
〇〇店に入ってみたい
いつもたくさんお客さんがいるから

3　活動を振り返る

何を売っているか調べてみよう

　活動を振り返ることで、明確になった探検に行く場所や目的を再確認したり、探検への思いや期待、どきどき感を表現したりする。そして、通学路探検とはまた違うまちの場所や人々への関わりを楽しみだと感じられるようにしたい。

期待する子供の反応

グループで話し合いながら計画を立て、関わることに意欲をもつ。

1 ［導入］
この施設で何をしているのか調べたいから行ってみたいな。

2 ［展開］
同じ場所でも、調べたいことは違う子もいる。確かにそれも知りたいな。

3 ［まとめ］
今度は、中に入って調べるから、少しどきどきするけど、もっとまちのことが分かりそうで楽しみ。中にいる人に聞いてみてもいいのかな。

1 まちの「すてき」たんけんをしよう

2 やさいをそだてよう

3 生きものとなかよし

4 つくってあそぼう

5 幼稚園の友達と仲よくしよう

6 図書館に出かけよう

7 こんなに大きくなったよ

本時案

まち探検に出かけよう

本時の目標

　方面別グループで決めたことをもとに、目的をもって探検をし、自分から人や場所に関わろうとすることができる。

資料等の準備

・携帯電話
・簡易救急バッグ
・タブレット端末
・デジタルカメラ
・学習カード 2-1-6、2-1-7 💿

> 対話的な学びの視点からの授業改善

➡活動の工夫

🔍 **point 1**　ただ探検に行くのではなく、自分が調べたいことが分かったり、新たに気になることを発見したりと、次の活動への意識へとつなげていきたい。そのために前時で決まった場所や人を訪ね、事前に活動のねらいを話し、子供の思いに沿えるように協力をお願いしておく。

🔍 **point 2**　探検ボランティアを今回も事前に募っておく。ボランティアには、今回の活動のねらいを話しておく。そして、活動中にしてほしい子供への声かけや、記録についてもお願いをしておく。

🔍 **point 3**　探検後、ボランティアに頼んだ方面に関しては、ボランティアの方に子供の様子をすぐに聞き取りし、活動中の様子を把握できるようにする。

授業の流れ ▷▷▷

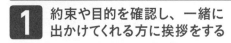

1 約束や目的を確認し、一緒に出かけてくれる方に挨拶をする

　探検に行く前に、一緒に探検に行ってくれる保護者や教職員に「よろしくお願いします」の挨拶をする。また、本時では、探検での約束だけでなく、「何を目的として探検に行くか」ということも確認し、自分の思いや願いに沿って活動できるようにする。

2 方面別にまち探検をする

たくさん売っているんだ

　自分たちで決めた行き先や訪ねたい人に関わりながら探検をする。その際、挨拶をする、店や施設等でのマナーを守るということができるようにする。また、その場で学習カードに記録したり、写真を撮ったりし、活動後に振り返ることができるようにする。

活動：方面別にまち探検をする

教師の支援

事前に打ち合わせ

ボランティア募集

子供の活動

学習カードや写真で記録

探検中の様子を聞き取り

1 まちの「すてき」たんけんをしよう

2 やさいをそだてよう

3 生きものとなかよし

4 つくってあそぼう

5 幼稚園の友達と仲よくしよう

6 図書館に出かけよう

7 こんなに大きくなったよ

3 振り返る

いろいろな魚があったな…

　自分の思いや願いに沿って探検して分かったことや気付いたこと、考えたこと、そして新たに「気になる」「もっと知りたい」と感じたことを言葉で表現する。その際、探検中に記録した学習カードや写真を活用できるようにする。

期待する子供の反応

まちを探検し、身近な場所や人に関わろうとする。

1 ［導入］
お店の中を探検するの楽しみだな。迷惑をかけないようにしたいな。

2 ［展開］
挨拶をしたら、喜んでくれたよ。いろいろな物を売っていたよ。

3 ［まとめ］
たくさんの物が売ってあってびっくりしたよ。あれだけたくさんの物、どうやって運んだり、整理したりしているのかな。

本時案

気になる！もっと知りたいを見付けたよ

7/15

本時の目標

　身近な場所や人と関わって気付いたり分かったりしたことなどを話し合う活動を通して、「気になる」ことがあることに気付き、もっと知るための探検をしたいという願いをもつことができる。

資料等の準備

・訪れた場所や人の名前を書いた板書掲示
・写真（必要に応じて使用）
・学習カードに描いた絵のコピー
　（必要に応じて使用）
・学習カード 2-1-8 💿

授業の流れ ▷▷▷

1 探検をして分かったことを話し合う

> いろいろなところから野菜が届いていました

　自分が関わった場所や人について調べてみて分かったことや気付いたこと、思ったことを話し合う。その際、友達の話を聞いて共有し合えるようにする。また、事実だけでなく、「びっくりした」「うれしかった」などの子供の気持ちも大事にする。

2 「気になる」「もっと知りたい」ことに注目する

> もっと知りたいことはあるかな？

　話し合う中で出てきた「気になる」「もっと知りたい」という子供の思いを全体に返し、自分だったらという視点で考えられるようにする。そして、「お店の○○を、何に使うか気になる」「どうして公園の掃除をしているか知りたい」という具体的な思いを大事にする。

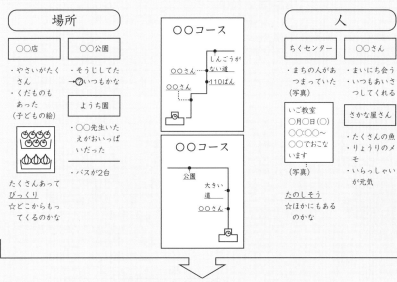

しらべて分かったことを話し合おう

場所

○○店	○○公園
・やさいがたくさん ・くだものもあった（子どもの絵）	・そうじしてた→いつもかな

ようち園
・○○先生いたえがおいっぱいだった
・バスが2台

たくさんあってびっくり
☆どこからもってくるのかな

○○コース

○○さん ─ じんごうがない道
○○さん ─ 110ばん

○○コース

公園 ─ 大きい道 ─ ○○さん

人

ちくセンター	○○さん
・まちの人があつまっていた（写真）	・まいにち会う ・いつもあいさつしてくれる

いご教室
○月○日（○）
○○:○○〜
○○でおこないます
（写真）

さかな屋さん
・たくさんの魚
・りょうりのメモ
・いらっしゃいが元気

たのしそう
☆ほかにもあるのかな

もっと気になる、知りたいがある。
もっとしらべて　たんけんしよう。

3 次の探検への思いをまとめる

次は工場に行きたいな…

　話合い活動を振り返り、自分の気付きや思いを言葉で表現していく。次の探検に向けて、自分の目的を明確にできるような学習カードにする。そして、学習カードを基に子供の次の探検への思いを見取り、次時の支援を考え、活動を充実できるようにする。

期待する子供の反応

話し合うことで、次の探検への目的を明確にし、探検への意欲を高める。

1 [導入]
地区センターに○○コーナーがあったよ。とても楽しそうだと思った。

2 [展開]
○○コーナーは、どうしていつも水曜日なのかな。気になってきたな。

3 [まとめ]
違う方面のA店に大きな機械があるなんてびっくりした。地区センターの○○コーナーのことが気になるから、センターの人に聞いてみたいな。

1 まちの「すてき」をたんけんをしよう

2 やさいをそだてよう

3 生きものとなかよし

4 つくってあそぼう

5 幼稚園の友達と仲よくしよう

6 図書館に出かけよう

7 こんなに大きくなったよ

本時案

「気になる」「もっと知りたい」を調べに探検に行こう

8-9/15

本時の目標

「気になる」ことを調べるためにインタビューしたり、見たり、体験したりする活動を通して、町のよさに気付くことができる。

資料等の準備

・携帯電話
・簡易救急セット
・探検バッグ
・タブレット端末
・デジタルカメラ
・学習カード 2-1-9、2-1-10 💿

対話的な学びの視点からの授業改善

➡活動の工夫

🔍**point 1** 自分が気になっていること、知りたいことが分かったときの喜びや達成感から、自分に自信をもったり、もっと身近な人と関わっていきたいという姿を目指していく。そのために訪れる場所や人に、子供が気になっていることや知りたいと思っている内容を事前に伝え、活動のねらいを話しておき、できるだけ子供の思いに沿えるようにしておく。

🔍**point 2** 子供が、場所や人と関わりながら解決していけるように、インタビューすることや、実際に見ること、可能な体験について訪れる場所や人と事前に打ち合わせをしておく。そして、ボランティアの方にもその内容を共有しておく。

🔍**point 3** 活動後、ボランティアの方と、訪れた先から聞き取りをして、子供の活動の様子を把握する。

授業の流れ ▷▷▷

1 目的や約束、マナーを確認し、ボランティアに挨拶をする

インタビューするときは挨拶しましょうね

探検に行く前に、再度約束を確認する。また、本時では、探検の具体的な目的を確認し、そのためのマナーも確認する。その際には、挨拶をする、インタビューの仕方、迷惑をかけないようにするなどを伝える。そして、今回も協力してくれる方に挨拶をする。

2 気になる、もっと知りたいを調べに、探検に出かける

いつも何時から働いていますか？

自分が気になっていること、もっと知りたいと思っている具体的な目的を調べるために探検に出かける。また、調べるために、インタビューをしたり、実際に見せてもらったり、できる範囲で体験をさせてもらったりできるようにする。

活動：自分が気になっていたことをインタビューする

⚲**point**
　インタビューを通して、まちのよさに気付くことができるようにする。

どこでとれた
大根ですか？

よく売れる魚は
どれですか？

1日にどれくらい
働いていますか？

今はこの「鰆」
という魚だよ

---

3 今日の活動を振り返る

　学習カードに記録したことや、関わったときの様子から、分かったこと、気付いたこと、思ったこと、感じたことを言葉で表現する。その際、「Aさんは優しいと思った」「この工夫にびっくりした」など、まちのよさを表している言葉を大事にする。

期待する子供の反応

**自分の身近な場所や人について調べ、
まちのよさに気付き始める。**

1 ［導入］
気になっていたことをインタビューして聞いてみるよ。楽しみだな。

⬇

2 ［展開］
毎日、掃除しているんだって。だからいつもきれいなんだね。すごいな。

⬇

3 ［まとめ］
インタビューをして聞いたら、たくさん教えてくれてうれしかったし、気になることが分かってうれしかった。とっても優しかったよ。

1 まちの「すてき」たんけんをしよう

2 やさいをそだてよう

3 生きものとなかよし

4 つくってあそぼう

5 幼稚園の友達と仲よくしよう

6 図書館に出かけよう

7 こんなに大きくなったよ

本時案

まちの「すてき」を見付けたよ

本時の目標

　調べて分かったことや気付いたこと、感じたことを話し合う活動を通して、まちのよさに気付き、もっと見付けたいという思いをもつことができる。

資料等の準備

・訪れた場所や人の名前を書いた板書掲示
・写真（必要に応じて使用）
・子供がカードに描いた絵のコピー
　（必要に応じて使用）
・学習カード 2-1-11 💿

深い学びの視点からの授業改善

→板書の工夫

point 1 調べて分かったことや思ったことを、訪れた場所や人ごとに分類して板書をする。

point 2 まちの「すてき」につながる「優しい」「まちを大事にしてる」「親切」「工夫してる」などの子供の言葉を大事にし、色分けをしたり、マークをしたりする。

point 3 全体に、共通していることを考えさせることで、まちのよさを、自分の方面だけでなく、まち全体を捉えて感じられるようにする。

授業の流れ ▷▷▷

1 調べて分かったことや気付いたことを話し合う

　インタビューをしたり、実際に見たり、体験をしたりしながら分かったことや気付いたこと、感じたことなどを話し合う。また、調べる際に挨拶をしたり、マナーを守ったり、適切な言葉や態度で関わったりしたという事実を認めるようにする。

2 どのグループにも共通することを考える

　話し合う活動をする中で、調べて分かったことや感じたことを見比べ、全てに共通していることは何かを考える。そして、「みんな優しい」「まちのことを大事にしている」などの言葉を取り上げたり、板書で可視化したりしながら気付くようにする。

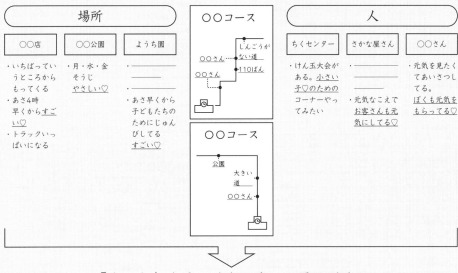

しらべて分かったことを話し合おう

場所		
○○店	○○公園	ようち園
・いちばっていうところからもってくる ・あさ4時早くから<u>すごい♡</u> ・トラックいっぱいになる	・月・水・金そうじ<u>やさしい♡</u> ・_____	・_____ ・あさ早くから子どもたちのためにじゅんびしてる<u>すごい♡</u>

○○コース

じんごうがない道
○○さん……
○○さん……
110ばん

○○コース

公園
大きい道
○○さん

人		
ちくセンター	さかな屋さん	○○さん
・けん玉大会がある。<u>小さい子♡のための</u>コーナーやってみたい	・元気なこえで<u>お客さんも元気にしてる♡</u>	・元気を見たくてあいさつしてる。 ・<u>ぼくも元気をもらってる♡</u>

↓

「すてき」を見つけた！もっと見つけたい

---

3 振り返りをする

> インタビューした人たちはみんな優しかったです

話合い活動を振り返り、気付いたことや思ったこと、次の探検への思いを学習カードに言葉で表現する。その際、「前に気付いた○○も、『すてき』かもしれない」という思いを大事にし、もっと関わり、まちの「すてき」を見付けたいという意欲をもたせたい。

期待する子供の反応

話し合う中で、友達の情報と見比べ、まちの「すてき」に気付く。

1 [導入]
待っているお客さんのために、椅子を用意しているんだって。優しいな。

↓

2 [展開]
どの方面にも、優しい人がたくさんいるんだね。すてきだな。

↓

3 [まとめ]
どの方面も、まちのことを大事にしているんだな。この間気付いた張り紙もまちの人のためなのかな。調べたいな。

1 まちの「すてき」をたんけんをしよう
2 やさいをそだてよう
3 生きものとなかよし
4 つくってあそぼう
5 幼稚園の友達と仲よくしよう
6 図書館に出かけよう
7 こんなに大きくなったよ

本時案

まちの「すてき」をもっと見付けよう

11/15

本時の目標

今までの探検を通して調べたことや気付いたことを基に、調べたいことを予想しながら探検の計画を立てることができる。

資料等の準備

- ・今までの活動の記録掲示
- ・探検中の写真
- ・今までに書いた学習カード
- ・学習カード 2-1-12 💿

主体的な学びの視点からの授業改善

➡環境構成の工夫

point 1 今までの話合いや活動記録を掲示物や学習カードとして残しておき、いつでも見て振り返り、思い出すことができるように教室に掲示しておいたり、ファイルに残しておいたりしておく。

point 2 今までの活動を基に、調べたいことを決め、そこにどのようなまちの「すてき」があるのか、自分で予測できるような学習カードを用意する。

そして、自分が今まで調べてきたことを振り返ることで、今までは気付かなかったまちの「すてき」に気付けるようにする。さらに、それを確かめたいという思いへつなげていく。

授業の流れ ▷▷▷

1 次の探検の目的を確認する

まちの「すてき」をもっと見付けたい

前時でまちの「すてき」に気付き、もっと見付けたいという思いをもったことから、次の探検では、もっとまちの「すてき」を見付けるという目的であることを確認する。また、前回の経験から、マナーや挨拶、適切な態度の大切さも確認しておく。

2 まちの「すてき」を見付ける探検計画を立てる

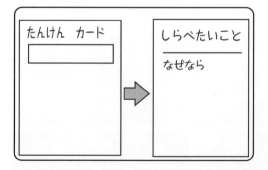

たんけん カード

しらべたいこと

なぜなら

まちの「すてき」をもっと見付けるための探検計画を立てる。その際、今までの活動の記録や写真から、調べたいことを見付けていく。そして、「これは、ベビーカーとか自転車が入れるように工夫しているのかもしれない」と、予測をして考えられるようにする。

1 まちの「すてき」たんけんをしよう

2 やさいをそだてよう

3 生きものとなかよし

4 つくってあそぼう

5 幼稚園の友達と仲よくしよう

6 図書館に出かけよう

7 こんなに大きくなったよ

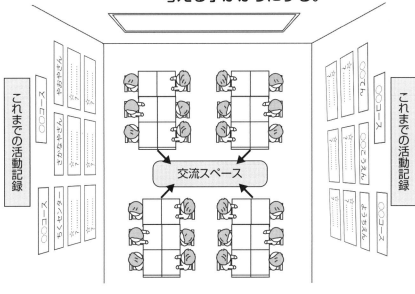

環境構成のイメージ

これまでの活動や写真を掲示しておくことで、新たに調べたいことを考える手がかりにする。

これまでの活動記録

交流スペース

これまでの活動記録

3 探検への思いを交流する

魚屋さんが、どんな工夫をしているか聞いてみたいね

次の探検の計画を立てた活動を振り返り、探検への思いやわくわく感を交流する。そして、「きっと○○だと思う。早く聞いてみたい」「次の探検でAさんに会いにいくのが楽しみ」などの思いを大事にし、最後に学習カードにまとめる。

期待する子供の反応

今までの活動を基にして、予測をしながら探検計画を立てることができる。

1 [導入]

まちの「すてき」をもっと見付けたいな。またインタビューをしたいな。

↓

2 [展開]

これもまちの「すてき」だと思う。どう聞こうか考えて、Aさんに確かめてみよう。

↓

3 [まとめ]

早く会いに行って確かめてみたいな。Bさん、また優しく教えてくれるかな、行くのが楽しみだな。

本時案

まちの「すてき」探検をしよう

本時の目標

　自分の思いや考えに沿って探検する活動を通して、身近な場所や人に適切に接しながら進んで関わり、相手の思いを予測しながら、まちの「すてき」探検をすることができる。

資料等の準備

・携帯電話
・簡易救急バッグ
・探検バッグ
・タブレット端末
・デジタルカメラ
・学習カード 2-1-13、2-1-14 💿

対話的な学びの視点からの授業改善

➡活動の工夫

🔍point1 まちの「すてき」について調べ、地域の人や場と関わりながら深めていくことで、より地域への親しみや愛着をもってほしい。そのために、子供が聞きたいと思っていること、見たいと思っていること、体験したいと考えたこと等を、訪れる場所や人に事前に伝え、ねらいに沿って、相談しておき、できるだけ子供たちの思いに沿えるようにしておく。

🔍point2 場所や人と関わる中で、気付いてほしいまちの「すてき」が教師の中にある。そこに少しでも近付くことができるように、一緒に探検に行ってくれる協力者にも、ねらいを伝えておく。また、訪れる場所や人にも、同様のことを話し、子供への関わり方を相談し、協力をお願いしておく。

授業の流れ ▷▷▷

1 探検の目的を確認し、一緒に出かけてくれる方に挨拶をする

　「まちの『すてき』を見付ける」という目的をもって探検に行くことを確認する。その際、インタビュー内容や何を見るかなど、計画を立てた際に考えを書いたカードも持っていき、確認しながら活動することができるようにする。

2 まちの「すてき」を見付ける探検をする

人気がある野菜がたくさんあるんだ

　計画を立てた際に予測したことを基に、インタビューをしたり、実際に見たり、可能な体験をさせてもらったりしながら、まちの「すてき」見付けをする。その際、「やっぱりまちを大事にしてる」「この工夫がすごい」などのつぶやきを大事にする。

1 まちの「すてき」たんけんをしよう

2 やさいをそだてよう

3 生きものとなかよし

4 つくってあそぼう

5 幼稚園の友達と仲よくしよう

6 図書館に出かけよう

7 こんなに大きくなったよ

活動：まちの「すてき」探検をする

○point
それぞれが大事にしていることや工夫していることに気付いてる姿を大切にする

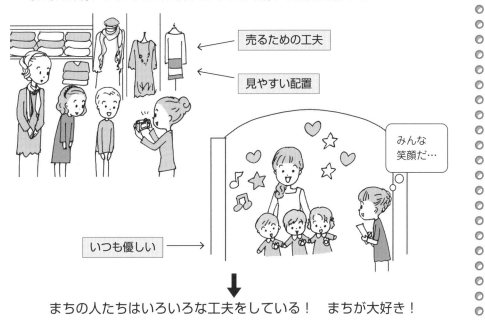

売るための工夫

見やすい配置

みんな笑顔だ…

いつも優しい

まちの人たちはいろいろな工夫をしている！　まちが大好き！

3 今日の探検活動を振り返る

Aさんはいつも優しかったな…

予測をして調べ、分かったことや感じたこと、考えたこと等を学習カードに言葉や絵で表現する。また、「Aさんと話すのは楽しい」「帰りに挨拶して帰りたい」など、関わりを楽しんだり、人や場所に親しみを感じたりしている子供の考えを大事にする。

期待する子供の反応

目的や予測をもって探検をし、まちの「すてき」を見付けようとする。

1 ［導入］
今度は、魚屋さんの工夫についてインタビューしてみるよ。楽しみだな。

2 ［展開］
やっぱり、お客さんのための工夫だった。とっても考えているんだな。そこまでできるってすごいな。

3 ［まとめ］
本当にAさんはまちの人が大好きなんだと思う。それってすてきだな。帰り道に「ただいま」って言って帰ろう。

本時案

もっとまちの「すてき」を見付けたよ

14/15

本時の目標

まちの「すてき」について話し合う活動を通して、自分のグループ以外のまちの「すてき」と比較して考え、自分たちのまちには様々な人たちが自分やまちのことを大事にしていることに気付くことができる。

資料等の準備

- ・訪れる場所や人の名前を書いた板書掲示
- ・写真（必要に応じて使用）
- ・学習カードに描いた絵のコピー
  （必要に応じて使用）
- ・学習カード 2-1-15 💿

深い学びの視点からの授業改善

➡板書の工夫

point **1** これまでの話合いと同様の形式で板書をしていくことで、教室掲示とつなげることができるようにする。

point **2** これまでの活動の記録や板書に、「優しい」「まちの人が大事、大好き」「お客さんのために」など、まちの「すてき」につながる言葉には、見て分かる色分けやマークをして可視化する。そして、全体を見比べた際に、比較したり、関連付けたりできるようにする。

授業の流れ ▷▷▷

1 見付けたまちの「すてき」について話し合う

探検を通して見付けたまちの「すてき」について話し合う。その際、子供が調べたことや感じたことが伝わるように、写真やカードの絵を用意しておき、必要に応じて提示し、全体で共有できるようにし、まち全体へ目を向けられるようにする。

2 これまで見付けたまちの「すてき」を見比べる

どの方面にも、このまちが好きな人がいたよね

今までの探検活動の記録を見比べて振り返り、感じたことや考えたことを話し合う。その際、まち全体を捉えて考えている子供の発言を全体に問い返すことで、見比べながらまち全体のよさを感じられるようにする。

見つけたまちのすてきを話し合おう

場所

○○店	○○公園	ようち園
・いらっしゃいませ えがおで <u>よろこんでくれるから</u>♡	・とってもきもちよかった <u>ありがとう言いたい</u>♡	・えんじたち先生のこと大好き <u>先生が大じにしてるから</u>♡

○○コース

じんごうがない道

○○さん

○○さん

110ばん

○○コース

公園

大きい道

○○さん

人

ちくセンター	さかな屋さん	○○さん
・だれが来てもたのしめる<u>工夫をしてる</u>♡ 行きたくなる	・やってみたらえがおになった <u>やっぱりすごい</u>♡	・たくさん話してたのしかった ○○さんは<u>まちの人が大すき</u>♡ ぼくもすき

↓

○○まちには「すてき」がいっぱい！！

---

3 比較して気付いたことをまとめる

> これからBさんに会ったら必ず挨拶します

　まちの「すてき」を見付ける探検をして、分かったことや、全体を見比べて気付いたことなどを、言葉や絵でカードに表現する。その際、「これからも○○で、約束を守って遊びたい」「Aさんに会ったら挨拶をしたい」という思いを大事にする。

期待する子供の反応

見付けたことを話し合い、全体を見比べて、まち全体のよさに気付く。

1 [導入]

Aさんが挨拶を必ずしてくれるのは、まちの人の笑顔が好きだからだったよ。

↓

2 [展開]

どの方面にも、まちの人が大好きな人がいるんだね。どこもすてきなんだね。

↓

3 [まとめ]

みんなすてきなんだってことが分かったよ。自分がそんなすてきなまちに住んでいるって分かったからうれしいな。Bさんに笑顔で挨拶して帰ろう。

1 まちの「すてき」たんけんをしよう
2 やさいをそだてよう
3 生きものとなかよし
4 つくってあそぼう
5 幼稚園の友達と仲よくしよう
6 図書館に出かけよう
7 こんなに大きくなったよ

本時案

まちの「すてき」No. 1を伝えよう

本時の目標

　自分にとっての、まちの「すてき」No. 1を決め、伝え合う活動を通して、探検で関わった場所や人と自分とのつながりに気付き、町に親しみや愛着をもって、これからも適切に接しようとすることができる。

資料等の準備

・今までのカードをファイリングしたもの
・これまでの活動記録
・これまでの記録写真
・学習カード 2–1–16 💿

対話的な学びの視点からの授業改善

➡活動の工夫

🔍 **point 1** 自分にとっての、まちのNo. 1を考える。それによって、今までの活動で関わった場所や人について振り返り、まちの人との関わり方やまちへの思いについて再認識する。

🔍 **point 2** 今までの方面別グループではなく、普段の給食班や活動班のグループで、伝え合う活動を行う。そうすることで、いろいろな方面の子供が集まり、まち全体のよさを改めて感じることができるようにする。表現の方法を多様化することで、より自分の思いを相手に伝えたい、友達の話を聞きたいという意識を高められるようにする。

授業の流れ ▷▷▷

1 自分にとっての、まちの「すてき」No. 1を考える

　今までの活動を振り返り、自分にとってのまちの「すてき」No. 1は何かを考え、カードに言葉や絵（写真や物も可）で表現する。その際、No. 1の理由も考えるように声かけをし、自分とまちの関わりを考えることができるようにする。

2 まちの「すてき」No. 1を伝え合う

　自分にとっての、まちの「すてき」No. 1を、グループで伝え合う。その際、友達に自分の思いが伝わるように、カードに描いた絵を見せたり、写真を見せたり、実際の物を見せたりしながら、自分なりの方法を選べるようにする。

活動：まちの「すてき」No.1 をグループで伝え合う

自分にとってのまちの No.1 を考える

グループで伝え合う

給食班や活動班で伝え合う
ことで、いろいろな方面の
グループの意見を交流する

まちの人との関わり方やまちへの
思いについて再認識する

1 まちの「すてき」たんけんをしよう

2 やさいをそだてよう

3 生きものとなかよし

4 つくってあそぼう

5 幼稚園の友達と仲よくしよう

6 図書館に出かけよう

7 こんなに大きくなったよ

---

3 本時の学習を振り返る

これからも挨拶を
大切にしていこう

　グループで、まちの「すてき」No.1 を伝え
合って活動を振り返り、感じたことや思ったこ
とを、カードに言葉で表現する。その際「やっ
ぱり A さんが大好きになった。A さんみたいに
なりたいな」「これからも挨拶をしていきたい
な」という思いを大事にする。

期待する子供の反応

**まちと自分との関わりを考え、まちに
愛着や親しみをもつ。**

---

1 ［導入］
A さんが No.1。いつも見守ってくれ
て、元気をくれるから。

⬇

2 ［展開］
やっぱり、このまちはすてきがいっぱ
いなんだな。大好きになったよ。

⬇

3 ［まとめ］
このまちがとっても大好きになった
よ。これからも、B さんみたいに、ま
ちの人に元気をあげられるような挨拶
をしていきたいな。

2 やさいをそだてよう

15時間

【学習指導要領】内容(7)動植物の飼育・栽培

1時	2時	3時	4時	5時	6時	7時	8時	9時
第1小単元（導入）				第2小単元（展開①）				

第1小単元（導入）

自分の育てたい野菜を決め、栽培の準備をしたり、苗植えをしたりしようとする。

1．どんな野菜を育てようかな
野菜について話し合い、育てたい野菜を決める。

2．苗植えの準備をしよう
必要な準備を考え、みんなで土づくりをする。

3．苗を買いに行こう
育てたい野菜の苗や種を自分で選んで買う。

4．苗を植えよう
鉢に土を入れ、苗を植えたり種をまいたりする。

🖌成長を予想し、育てたい野菜を選んだり決めたりしている。
😊大きくておいしい野菜に育てたいという願いをもって、野菜に関わろうとしている。

第2小単元（展開①）

野菜の変化や成長の様子に関心をもって観察し、野菜の様子に合わせた世話をしようとする。

5．野菜を観察しよう
野菜を観察して、気付いたことを伝え合う。

6．野菜のお世話をしよう
野菜の変化や成長の様子に関心をもち、必要な世話をする。

7〜9．野菜会議を開こう①②③
成長が遅い野菜についての対応を話し合う。
虫や病気が心配な野菜について対策を話し合う。
カラスなどの鳥への対策をする。

🖌育てている野菜の変化や成長、野菜に合った世話の仕方があることに気付いている。
🖌野菜の育つ場所、変化や成長に着目して、世話の仕方を工夫している。

本単元について

単元の概要と育成を目指す資質・能力

本単元は、学習指導要領の内容(7)「動植物の飼育・栽培」を基に単元を構成し、内容構成の具体的な視点としては、「キ　身近な自然との触れ合い」「カ　情報と交流」「コ　成長への喜び」を位置付けて単元を構成している。

本単元においては、身近な生活に関わる見方・考え方を生かして学習活動を展開し、一人一人の資質・能力の育成を目指していく。それは、野菜の変化や成長の様子を自分との関わりで捉え、大きくておいしい野菜に育てたいという思いや願いをもって活動することである。

そのために、本単元では「一人一苗」で栽培を行う。育てたい野菜を決めて自分で苗を選んだり、みんなの野菜をのせたピザで収穫を祝うことを目標にしたりして、自分の野菜への思いや願いを高める。そして、野菜の変化や成長の様子を観察し、自分の野菜の様子に合わせて世話の仕方を工夫する活動を継続的に行う。

また、栽培の過程で困ったことがあれば、対策を調べたり話し合ったりさせる。子供自身で解決策を考えたり、自分の野菜にする世話を自分で決めたりできるように働きかける。

1 まちの「すてき」たんけんをしよう

2 やさいをそだてよう

3 生きものとなかよし

4 つくってあそぼう

5 幼稚園の友達と仲よくしよう

6 図書館に出かけよう

7 こんなに大きくなったよ

単元の目標

　自分で選んだ野菜を栽培する活動を通して、野菜の育つ場所、変化や成長の様子に関心をもって働きかけることができ、野菜が生命をもっていることや成長していることに気付くとともに、栽培や収穫の喜びを味わい、野菜への親しみを深めたり、大切にしたりすることができるようにする。

10時	11・12時	13時	14時	15時
第3小単元（展開②）		第4小単元（終末）		
自分の育てた野菜を収穫し、みんなで野菜ピザをつくって食べようとする。		栽培を通して気付いたことや育てた野菜への思い、自分自身の成長について振り返ろうとする。		

10. 野菜を収穫しよう 野菜を収穫し、観察する。 **11・12. 野菜ピザをつくろう** みんなの野菜をのせたピザをつくり、みんなで食べる。	**13. 野菜とお別れしよう** 収穫した後の野菜とお別れをする。 **14. 野菜のお世話を振り返ろう** これまでの栽培活動を振り返る。 **15. 野菜物語をまとめよう** これまでの記録をもとに、野菜への思いや気付いたこと、自分の成長をまとめ、野菜物語をつくる。
✐野菜への親しみが増し、上手に世話ができるようになったことに気付いている。 ♫収穫した野菜の成長や変化を思い起こし、収穫したり食べたりしたときの思いを表している。	✐野菜が生命をもっていることや成長すること、野菜と自分との関わりに気付いている。 ☺これまでの野菜との関わりを振り返り、これからも関わっていこうとしている。

【評価規準】✐…知識・技能　♫…思考・判断・表現　☺…主体的に学習に取り組む態度

本単元における主体的・対話的で深い学び

　本単元では、自分の野菜への思いや願いをもち、自分の野菜に合った世話を自分で決めて行う姿を期待する。そのため、自己決定と野菜会議を核にした単元構成で、主体的・対話的で深い学びの実現を図りたいと考える。

　第1小単元では、自分で育てたい野菜を決めたり、土づくりを行ったり、苗を自分で選んで買ったりすることで、野菜への愛着をもたせていく。また、みんなで野菜ピザをつくるという目標を設定し、栽培への意欲を持続させる。

　第2小単元では、継続した世話や観察を通して、野菜の変化や成長の様子について気付いたことを明確にし、野菜の様子に応じた世話を促す。また、野菜会議を開いて、経験や考えをもち寄って解決策を考える場面を設定する。

　第3・4小単元では、収穫の喜びを味わい、野菜とお別れをし、これまでの学習を振り返ることで、よりよい成長を願った世話の仕方や野菜の成長、自分自身の成長を自覚し、自信をもつことができるようにする。

　これらの活動を通して、野菜への親しみを深め、大切にすることができる子供を育てたい。

本時案

どんな野菜を育てようかな

本時の目標

　野菜について話し合うことを通して、栽培への意欲を高め、育てたい理由や収穫後の目標をもって育てたい野菜を決めることができる。

資料等の準備

・野菜の実物
　（ミニトマト、ナス、ピーマンなど）
・野菜の苗や種
・野菜の写真
　（野菜の一部分の拡大写真や断面写真）
・野菜に関する本や図鑑
・タブレット端末
・学習カード 2-2-1 💿

授業の流れ ▷▷▷

1 野菜の実物や写真を見て、野菜栽培への意欲をもつ

　1年生のときにアサガオを育てた体験やそのときの2年生が野菜を育てていた様子など、これまでの学習や生活体験を想起させ、自分も野菜を育ててみたいという思いを引き出す。そして、野菜の実物や写真を使って野菜クイズを出し、野菜栽培への意欲を高める。

2 野菜について話したり聞いたりし、育てたい野菜を考える

　知っている野菜、育てたことのある野菜などについて話し合う。野菜に関して知っていることを出し合い、一人一人が自分の育てたい野菜を考える。また、相談して、「全員で育てた野菜をのせたピザをつくって食べること」を目標とする。

活動：野菜について話し合い、育てたい野菜を考える

🔍**point**

自分が育てると決めた野菜について、選んだ理由を引き出す

> みんなが育てた野菜でピザをつくりましょう

野菜への興味を高める

どんなやさいをそだてようかな
やさいクイズ

ミニトマト
・赤、黄色、オレンジ色のみ
・たくさんとれる
・黄色い花

ピーマン

ナス

> ナスの葉っぱってあんな形してるのか〜

> ピーマンはどんな花かな？

---

3 育てたい野菜と自分の思いを学習カードに書く

時期や育て方を本や図鑑で調べたり、人に聞いたりする。その後、自分の育てたい野菜とその理由を学習カードに書く。決められない子供は、この時間に無理に決定しなくてよい。家の人と相談したり、野菜について調べたりしながら、じっくり考えるように促す。

期待する子供の反応

栽培への意欲を高め、育てたいわけや目標をもって育てたい野菜を決める。

1 ［導入］
分かった！あの写真はミニトマトだ。幼稚園のときに、みんなで育てたよ。

⬇

2 ［展開］
ミニトマトは育てたことがあるけれど、ナスやピーマンはまだ育てたことがないな。どんな花かを見てみたいな。

⬇

3 ［まとめ］
お父さんがナスが好きだから、ナスを育てよう。花も見たいな。たくさんとれるように、がんばってお世話しよう。

1 まちの「すてき」をたんけんをしよう

2 やさいをそだてよう

3 生きものとなかよし

4 つくってあそぼう

5 幼稚園の友達と仲よくしよう

6 図書館に出かけよう

7 こんなに大きくなったよ

本時案

苗植えの準備を
しよう

本時の目標

野菜を育てるために必要な準備を考えたり、みんなで協力しながら土づくりをしたりすることができる。

資料等の準備

- くわ、シャベル、移植ごて
- 石灰、肥料、腐葉土
- バケツ
- ブルーシート
- 軍手、長靴、帽子、タオル
- 野菜に関する本や図鑑
- タブレット端末
- 学習カード 2-2-2

対話的な学びの視点からの授業改善

➡活動の工夫

🔎**point 1** 野菜栽培では、専門的な知識を必要とする場面がある。そこで、地域の野菜栽培に詳しい人から「野菜の先生」として協力してもらう。活動に応じて野菜の先生に来てもらう機会を設けることで、子供は安心して取り組むことができる。本時では、土づくりや野菜の育て方等について、詳しい人に教えてもらいたいという声も上がるだろう。そのような意見を取り上げる形で野菜の先生に出会わせる。

🔎**point 2** 野菜の先生への質問以外にも、野菜栽培に関する本や図鑑、タブレット端末で調べられるようにしておく。図書室から本や図鑑を借りて、教室に野菜の本棚を常設しておく。できるだけ、子供向けに分かりやすい言葉で書かれているものがよい。

授業の流れ ▷▷▷

1 野菜を育てるために必要な準備を考える

アサガオなどの栽培経験を想起し、野菜栽培に必要な準備物を挙げていく。土づくり、植木鉢の用意、野菜の苗の購入などが必要だと分かるが、同時に疑問も多く出てくる。ここで、「野菜の先生」に登場してもらい、早速土づくりを教えてもらうことにする。

2 野菜の先生に教わりながら、土づくりをする

野菜栽培用の土を用いれば手軽だが、植物には土が大切であることを教えてもらい、土づくりへの関心を高める。野菜の先生に手順や方法を教わりながら、植木鉢に入れる土づくりをする。協力して、石や草を取り除いたり、肥料や腐葉土を混ぜ合わせたりする。

1 まちの「すてき」たんけんをしよう

2 やさいをそだてよう

3 生きものとなかよし

4 つくってあそぼう

5 幼稚園の友達と仲よくしよう

6 図書館に出かけよう

7 こんなに大きくなったよ

活動：野菜の先生に教わりながら土づくりをする

① 土を集める　➡　② 石や草を取り除く　➡　③ 肥料や腐葉土を混ぜ合わせる

協力して土づくりをすることで対話が活性化する

ふわふわの土にしよう…

3 他の準備について、野菜の先生に聞いたり、本で調べたりする

ミニトマトは高く伸びるから大きい植木鉢がいいよ

本にも「深さ30cmくらい」って書いてあるね

　植木鉢の大きさや、種から育てるのがいいのか、苗から育てるのがいいのかなど、出てきた疑問を、野菜の先生に質問したり、本や図鑑、タブレット端末で調べたりする。授業以外でも、本や図鑑、タブレット端末で調べたり、上級生や家の人に聞いたりすることを促す。

期待する子供の反応

必要な準備を考えたり、土づくりをしたりする。

1 ［導入］
土が必要だけど、どうやって土をつくればいいのかなぁ。

2 ［展開］
野菜が元気に育つように、栄養たっぷりのふわふわの土にしよう。

3 ［まとめ］
野菜の先生が、植木鉢は大きい方がいいと言っていたよ。本にも、深さ30cmくらいと書いてあったよ。家の人と一緒に植木鉢を買いに行こう。

本時案

苗を買いに行こう

本時の目標

　育てたい野菜の苗や種を自分で選んで買うことを通して、苗や種を大切に扱おうとすることができる。

資料等の準備

・購入する野菜の苗や種
・苗や種の代金
　（苗や種の値段に応じて家庭で用意し、子供に持たせてもらう）
・児童用の植木鉢
　（アサガオの鉢よりも深くて大きい物を家庭で用意してもらう）

主体的な学びの視点からの授業改善

➡活動の工夫

🔍point 1　お店や市場に出かけたり、売りに来てもらったりして、野菜の苗や種を購入する。これから育てる自分の野菜の苗や種との大切な出会いの場面である。店にお願いしておき、一人一人が手に取り、自分で選んで買うことができるようにする。店の人が来られず、必要な種類と数を伝えて、苗や種を学校に届けてもらう場合も、できるだけ自分で苗や種を選べるようにする。

🔍point 2　自分の苗や種を学校まで持ち帰る。この過程も野菜への思いを高める。苗や種を折ったり落としたりしないよう大切に持ち帰らせたい。

🔍point 3　苗や種には、思い思いに名前を付けさせる。そうすることで、自分の野菜への愛着が増す。

授業の流れ ▷▷▷

1 お店や市場までの安全やマナー等を確認する

　苗や種を買うお店や市場までの安全な歩き方や、挨拶、お礼などのお店でのマナー、お店の人へ質問したいことなどを確認する。その際、まち探検など、これまでの校外学習で経験したことや約束を思い起こさせて、生かすようにする。

2 自分で苗や種を選んで買う

　苗をじっくり見たり、手に取ったりし、自分でどの苗にするか選んで買う。自分なりに考えて苗を選ぶことで、愛着が生まれる。どんな苗を選ぶとよいかをお店の人に聞いてから購入したり、購入後の待ち時間に育て方などを質問したりする。

1 まちの「すてき」を たんけんを しよう

2 やさいを そだてよう

3 生きものと なかよし

4 つくって あそぼう

5 幼稚園の 友達と 仲よくしよう

6 図書館に 出かけよう

7 こんなに 大きくなったよ

活動：育てる野菜の苗を自分で選んで買う

point
丈夫な苗を選ぶ際には、「葉と茎」をよく見ることを伝える

苗や種を学校まで持ち帰ることで、野菜への思いを高め、主体的な学びにつなげる

3 苗や種を持ち帰り、名前を付ける

大事に育てるよ。名前は「ミニトマトキング」にしよう

　苗や種を折ったり落としたりしないように気を付けながら、大事に持ち帰る。まずは苗や種を観察させ、名前を付けさせる。その名前を付けた理由を表出させることで、野菜への思いや願いを見取ることができる。

期待する子供の反応

育てたい野菜の苗を自分で選んで買い、苗を大切に扱おうとする。

1 [導入]
いよいよ苗を買いに行くよ。安全に気を付けて、マナーを守って行動しよう。いい苗が買えるといいな。

2 [展開]
茎が太くて葉の色が濃いから、この苗にしよう。

3 [まとめ]
大事に育てるよ。ミニトマトの王様みたいに大きくなるといいな。名前は「ミニトマトキング」にしよう。

本時案

苗を植えよう

本時の目標

　自分の野菜を大切に育てたいという思いをもちながら、植木鉢に土を入れたり、苗を植えたり種をまいたりすることができる。

資料等の準備

・自分の野菜の苗や種
・自分の植木鉢
・土と元肥
・移植ごて、シャベル
・水やり用ペットボトルかじょうろ
・予備の野菜の苗や種と植木鉢
・探検バッグ
・学習カード 2-2-3

対話的な学びの視点からの授業改善

➡️活動の工夫

🔍point 1　これまでの栽培経験や前時までに調べたことをもとに、苗の植え付けや種まきを行う。しかし、苗の植え付けは、ほとんどの子供にとっては初めての経験であり、かつ、今後の苗の成長に関わる大事な作業である。野菜の先生から説明を受けたり見守ってもらったりしながら、子供が安心して自分の苗を植えることができるようにする。

🔍point 2　子供同士の教え合いを促すために、同じ野菜を育てる子供同士でグループをつくり、近くで活動するようにする。この後の栽培活動でも、適宜グループでの活動を行い、子供同士の教え合いや情報交換を促す。

授業の流れ ▷▷▷

1 苗の植え方を確認する

　野菜の先生に、苗植えや種まきの手順や方法を教えてもらう。植木鉢の底に敷き詰める石の量、入れる土の量、苗のポットの外し方、植え方、種のまき方などを、実演しながら説明してもらう。野菜の先生の周りに子供を集めて見せてもらうとよい。

2 植木鉢に土を入れ、苗を植え、置き場所を決めて水やりをする

　同じ野菜を育てる友達と見合ったり教え合ったりしながら、自分の苗や種を植える。石の量、土の量、苗の位置などを、教師や野菜の先生が一人一人確認し、うまく植えられたことをほめるようにする。自分の力で植え付けや種まきができたことを実感させたい。

1 まちの「すてき」を たんけんを しよう

2 やさいを そだてよう

3 生きものと なかよし

4 つくって あそぼう

5 幼稚園の 友達と 仲よくしよう

6 図書館に 出かけよう

7 こんなに 大きくなったよ

活動：野菜の先生に教わりながら、苗を植えたり種を まいたりする

○ point

❶ 苗を植える際は、①石の量、②土の量、③苗の位置などに注意する

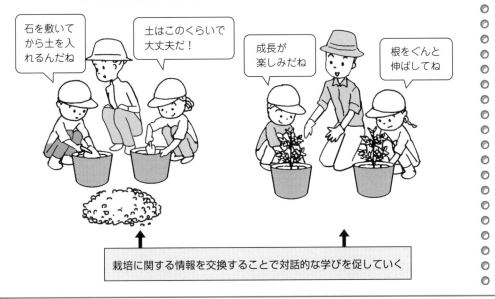

石を敷いて から土を入 れるんだね

土はこのくらいで 大丈夫だ！

成長が 楽しみだね

根をぐんと 伸ばしてね

栽培に関する情報を交換することで対話的な学びを促していく

---

3 苗や種への手紙を書く

　植え付けや種まきが終わった子供から、自分 の苗や種へ手紙を書く。また、上手に植えられ てうれしかった気持ちや成長や収穫が楽しみな 気持ちを発表し合い、大切に育てていきたいと いう思いを高めるようにする。

期待する子供の反応

大切に育てたいという思いをもちなが ら、植木鉢に土を入れ、苗を植えたり 種をまいたりすることができる。

1 ［導入］
石を敷いてから、土を入れるんだな。 苗を逆さにしてポットを外すんだね。

2 ［展開］
土はこのくらいでいいかな。たっぷり 入れたから、根をぐんと伸ばしてね。

3 ［まとめ］
これから毎日様子を見に行って、水を あげたり声をかけたりするよ。早くお いしいピーマンになってね。

本時案

野菜を観察しよう

本時の目標

野菜の世話や観察を通して、野菜の変化や成長の様子に気付くことができる。

資料等の準備

・野菜の植木鉢
・ホワイトボード
（板書用に大きめの物を外に運ぶ）
・学習カード 2-2-4

対話的な学びの視点からの授業改善

➡板書の工夫

point 1 葉や茎、花の色や形、手触りなど、子供の気付きを視点ごとに整理しながら板書していき、全体に広げる。また、友達の野菜の様子を知ることで、自分の野菜の様子をよく見て確かめたいという思いを高める。

point 2 共通点を見付けさせ、違う種類の野菜であっても、変化や成長には同じような様子が見られることに気付かせる。この後も、違う種類の野菜と比べながら観察してみようとする意欲を高めたい。

point 3 日々の野菜の様子や成長について、朝の会などで交流する場を継続的に設定したり、野菜掲示板に載せたりして、自分の野菜の様子に関心をもち続けられるようにする。

授業の流れ ▷▷▷

1 野菜の様子を観察する

外にある自分の野菜の植木鉢のそばで、野菜を観察する。同じ野菜を育てている子供同士のグループで、一緒に観察する。まず、葉の形の特徴や手触りなどに気付いている子供に発言させ、「自分の野菜はどうかな？」と投げかけて、じっくり観察させる。

2 野菜の変化や成長の様子を伝え合う

色、形、手触り、においなど、様々な視点から野菜を観察し、気付いたことをグループの友達と伝え合う。その後、ホワイトボードの前に集まって、全体でも伝え合う。板書により、さらに観察の視点を広げたり、違う種類の野菜との共通点にも気付かせたりする。

やさいをかんさつしよう

やさいのはやくきは、どのようなようすかな？

のびた

太くなった

	は（ふえた）		くき	花
ミニトマト	・ギザギザ ・トマトのにおい		・細い ・毛がある	・黄色い ・星みたい
ナス	・丸い ・むらさきのすじ		・太い ・むらさき色	
ピーマン	・細くて小さい ・つるつる		・細い	
エダマメ	・丸い ・毛がふわふわ		・細い ・毛がある	
オクラ	・手のひらみたい		・毛がある ・チクチク	

はやくきの色や形、大きさ、手ざわりはちがう。
はがふえて、くきがのびて太くなったのは同じ。

1 まちの「すてき」たんけんをしよう

2 やさいをそだてよう

3 生きものとなかよし

4 つくってあそぼう

5 幼稚園の友達と仲よくしよう

6 図書館に出かけよう

7 こんなに大きくなったよ

3 野菜の様子や野菜への思いを学習カードに書く

葉が増えて、茎が伸びた…

全体で交流した後、改めて自分の野菜の様子を観察しながら、気付いたことを学習カードに記録する。伝え合いや観察を通して気付いたことだけでなく、野菜への思いも書かせたい。また、学習カードは、書きたいときにいつでも書けるように準備しておく。

期待する子供の反応

世話や観察を通して、野菜の変化や成長の様子に気付く。

1 [導入]
私のミニトマトの葉っぱはどうかな？ギザギザしているよ。触ってみよう。

2 [展開]
Aさんが、「葉っぱもトマトのにおいがする」と言ったから、かいでみたよ。本当にトマトのにおいがしたよ。

3 [まとめ]
ミニトマトの葉が増えて茎が伸びた。黄色い花も咲いたよ。ナスやピーマンも葉が増えて茎が伸びた。一緒だね。

本時案

野菜のお世話を しよう

本時の目標

野菜の変化や成長の様子に関心をもち、それに合わせて、必要な世話をすることができる。

資料等の準備

・ホワイトボードとマーカー
　（グループに1セットずつ）
・世話に必要な材料や道具
　（支柱、ビニールひも、追肥、移植ごてなど）
・道具かご（グループに1つ、定位置は教室）
・探検バッグ
・学習カード 2-2-4 💿

主体的な学びの視点からの授業改善

➡環境構成の工夫

〖 point 1 〗 世話を行う時期は、自分の野菜の様子を見て、子供が判断する。したがって、本時ではなく、後日その世話をする子供もいる。話合いで出てきた野菜の様子や課題、それに対して必要な世話は、ホワイトボードをそのままコピーして掲示物にし、この後の世話をする活動でも生かせるようにする。

〖 point 2 〗 必要なときに自分で世話ができる環境を整えておく。支柱などの大きな道具は、野菜の近くに収納しておく。ビニールひもや移植ごて、追肥などの小さな材料や道具は、グループごとのかごに入れておき、子供が持ち運んで使えるようにする。かごの中身は、子供の要望に応じて変える。

授業の流れ ▷▷▷

1 野菜の様子と必要な世話を話し合い、活動の見通しをもつ

同じ野菜を育てている友達と、野菜の様子を伝え合う。「ミニトマトが倒れそう」といった野菜の様子や課題から、必要な世話を考え、ホワイトボードにまとめる。話し合う中で、経験をもとに、見通しをもって自分の野菜に必要な世話を考える。

2 自分の野菜に合った世話をする

自分の野菜の様子に合わせて世話をする。倒れそうになっていたら支柱を立てて茎と支柱をビニールひもで結んだり、わき芽があったら摘んだりする。わき芽は分かりにくいので、はじめのうちは野菜の先生に来てもらって教わりながらできるとよい。

環境構成のイメージ

①同じ野菜を育てているグループで植木鉢をまとめて置く
②ホワイトボードに書いたことを掲示物にする
③世話に必要な物を道具かごに入れておく

やさいけいじばん
ミニトマト

5／25
たおれそう
↓
しちゅうをたてる

道具かご→

---

3 やった世話やその理由、野菜への思いを学習カードに書く

これで高く伸びても大丈夫…

　野菜を見ながら、自分が野菜にした世話やその理由、野菜への思いを学習カードに書く。教師は、それらがカードに表出されているかを見取る。書かれていない場合は、「○○していたね」と自覚させたり、「これでもっと伸びても安心だね」と価値付けたりする。

期待する子供の反応

野菜の変化や成長の様子に合わせ、必要な世話をする。

1 ［導入］
私のミニトマトが倒れそう。

2 ［展開］
アサガオのときみたいに、支柱を立てよう。茎と支柱をやさしく結んだよ。わき芽はどれだろう？わき芽を摘むと大きく育つんだね。

3 ［まとめ］
私のミニトマトが倒れていたから、支柱を立てて、ビニールのひもでやさしく結びました。わき芽も摘みました。

1 まちの「すてき」たんけんをしよう

2 やさいをそだてよう

3 生きものとなかよし

4 つくってあそぼう

5 幼稚園の友達と仲よくしよう

6 図書館に出かけよう

7 こんなに大きくなったよ

本時案

野菜会議を開こう①

本時の目標

成長が遅い野菜について話し合う野菜会議を通して、友達と相談しながら世話の仕方を見直し、改善することができる。

資料等の準備

・困っている子供の野菜の写真
・世話に必要な材料や道具
・道具かご

対話的な学びの視点からの授業改善
➡板書の工夫

point 1 野菜の成長が遅い原因を考えることは、ここまでに得た知識やこれまでの世話の経験をもとに、野菜の世話の仕方を見直すことになる。出てきた考えを「水やり」「日当たり」「肥料」「植木鉢（土）」といった項目ごとに分類して板書する。この項目が、そのまま自分の野菜の世話の仕方を見直す視点となるので、板書により意識付ける。

point 2 野菜会議の板書は、写真に撮って拡大印刷し、そのまま教室内に掲示する。常に見られるようにしておき、本時以降も子供たちが世話の仕方を見直す際に、振り返ることができるようにする。

授業の流れ ▷▷▷

1 自分の野菜栽培で課題のある子供の話を聞く

野菜の成長の様子に差が出てきた頃に、「友達のピーマンは大きくなっているのに、僕のピーマンはなかなか大きくならなくて心配です」といった子供の報告を聞き、どうしたらよいか話合いを行う。大きくならない原因をみんなで考えていくことを確認する。

2 みんなで原因を探り、改善策を考える

隣の人とペアで話し合い、その後全体で考えを出し合う。「水やりをしていますか」「肥料が足りないのかも」「植木鉢が小さくて、根が大きくなれないのかな」と困っている子供とやりとりをしながら、原因を探る。これが、野菜の世話の仕方を見直すことになる。

やさいかいぎをひらこう①

ピーマンがなかなか大きくならないよ。
どうしたらいいかな？

水やり
・まい日やる
・土がかわいていたら
　やる
・やりすぎは×

日当たり
・日が当たりすぎ×
・日が当たらない×
・日当たりを考えて
　おき、場所をきめる

ひりょう
・2しゅう間に1回ぐらい
　やる
・ねもとは×
・やりすぎは×
・みがついてきたらやる

うえ木ばち（土）
・小さいとねが大きく
　なれない
・水をやっても土がすぐ
　かわく
・土が多いとねが
　しっかりはれる

大きなうえ木ばちにかえる。

自分のやさいも見直そう！

1 まちの「すてき」たんけんをしよう

2 やさいをそだてよう

3 生きものとなかよし

4 つくってあそぼう

5 幼稚園の友達と仲よくしよう

6 図書館に出かけよう

7 こんなに大きくなったよ

3 自分の野菜への改善策を自分で決めて行う

Aさんのピーマンは大きい植木鉢だね

大きいのに変えよう！

　野菜を見に行き、原因として挙げられたことについて、友達の野菜と比較する。友達のアドバイスを参考にしながらも、どのように改善するかは、自分で決めるようにする。他の子供も、自分の世話の仕方を見直し、実際に改善したり、改善の準備をしたりする。

期待する子供の反応

野菜会議を通して、友達と相談しながら世話の仕方を見直し、改善する。

1 ［導入］
僕のピーマンが、なかなか大きくならないよ。みんなに相談してみよう。

2 ［展開］
忘れずに水やりをしているよ。日当たりもちょうどいいと思う。追肥もしたんだけどなぁ。植木鉢の大きさかな。

3 ［まとめ］
確かに、植木鉢が大きいAさんのピーマンは、葉っぱが元気で大きいな。僕も大きい植木鉢に変えてみよう。

本時案

野菜会議を
開こう②

本時の目標

　虫がついた野菜や、病気かもしれない野菜について話し合う野菜会議を通して、友達と相談したり、本で調べたり、野菜の先生に聞いたりするなどして対策を考え、解決に向けて取り組むことができる。

資料等の準備

・困っている子供の野菜の写真
　（アブラムシが付いているところ、葉の色が変わっているところなど）
・野菜に関する本や図鑑、タブレット端末
　（単元のはじめから、教室に野菜の本棚を常設しておく）

対話的な学びの視点からの授業改善

➡板書の工夫

point 1 虫害や病気は、どの野菜にも起こりうることである。実際に困っている子供の発言をきっかけとするが、全員が切実感をもって考えられることであろう。それぞれが知っていることや本や図鑑で調べたことを出し合い、出てきた対策を分類して板書する。ここに書かれた内容が、自分の野菜が虫害や病害にあったときの対策案となるので、板書により分かりやすく示して意識付ける。

point 2 虫害や病気といっても、野菜栽培の経験が少ない子供にとっては、どんなものかを共通理解することは難しい。そこで、実際の野菜の様子を写真に撮って黒板に掲示する。また、実際に対策をやって見せることで、やり方を理解させる。

授業の流れ ▷▷▷

1　虫害や病気で困っている子供の話を聞く

　「私のナスの葉に虫がついていました」「僕のミニトマトの葉が白っぽくなってしまいました」といった子供の報告を聞き、どうしたらよいか話し合う。みんなで虫や病気への対策を考えたり調べたりしていくことを確認する。

2　みんなで対策を考えたり、調べたりする

　友達と話し合ったり、本や図鑑で調べたりする時間をとる。その後、困っていることごとに、全体で考えを出し合う。「アブラムシには牛乳スプレーをするといい」「テープや筆で取る方法もある」「何の病気か、野菜の先生に見てもらう」と、出た考えを板書する。

1 まちの「すてき」をしよう たんけんを

2 やさいを そだてよう

3 生きものと なかよし

4 つくって あそぼう

5 幼稚園の 友達と 仲よくしよう

6 図書館に 出かけよう

7 こんなに 大きくなったよ

やさいかいぎをひらこう②

大へん！虫がついている。びょう気かもしれない。
どうしたらいいかな？

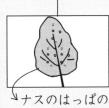

ナスのはっぱの
うらに虫

↑

アブラムシ

たいさく

・牛にゅうを
きりふきで
かける
・セロハンテー
プでくっつけ
てとる
・ふででとる
・くすりをまく

牛にゅうスプレーをする。
テープやふででとる。

ミニトマトのはっぱ
が白っぽい

↑

はかびびょう？

たいさく

・日当たりのいい
場所におく
・くすりをまく
・白っぽいはっぱ
だけとる
・やさいの先生に
聞く

まずはやさいの先生に
「はかびびょう」か見てもらう。

3 実際に対策をしてみたり、対策の計画を立てたりする

出てきた考えを参考にして、実際にやった
り、対策の計画を立てたりする。また、教師は
「自分の野菜は虫がついていたり病気になった
りしていませんか？」と問いかけ、野菜の様子
を注意深く見て対策をとることを促す。

期待する子供の反応

野菜会議を通して、友達と相談した
り、本で調べたり、野菜の先生に聞い
たりするなどして対策を考え、解決に
向けて取り組む。

1　[導入]
私のナスの葉の裏に虫がついていた
よ。どうしよう。

2　[展開]
牛乳をかける方法や、テープや筆で取
る方法があるんだな。

3　[まとめ]
牛乳スプレーをしてみよう。明日、家
から霧吹きと牛乳を持ってこよう。

本時案

野菜会議を開こう③

本時の目標

　カラスなどの鳥への対策についての野菜会議を通して、友達と相談したり、野菜の先生に聞いたりしながら、自分でできる必要な対策をすることができる。

資料等の準備

・鳥に食べられた実の実物や写真
・対策に必要な物
　（ネット、ひも、CD、きらきらしたテープ、かかしの材料など。基本的には子供が持参する）
・学習カード 2-2-4 💿

深い学びの視点からの授業改善

➡活動の工夫

🔍**point 1**　本時で困ったことをみんなで話し合う野菜会議も 3 回目である。今回は、事前に困っている内容を伝えておき、各自が調べて、必要な物を準備し、対策ごとにグループで協力して作業することにする。一人一人がこれまでの経験を活用する場にしたい。

🔍**point 2**　簡単な世話や対策ならば、朝の時間や休み時間で個々に行うことができるが、カラス対策は大掛かりなものも考えられる。話し合ったり、作業したりする時間と場を授業で確保する。また、子供から「野菜の先生に相談したい」「野菜の先生に手伝ってほしい」という声が上がることも予想される。事前に野菜の先生に手伝いをお願いしておくとよい。

授業の流れ ▷▷▷

1 カラス対策をするというめあてを確認する

　本時より前に、鳥に実を食べられた子供の話を聞き、課題を全体で共有して、「カラスから野菜を守らなければ」という思いを高めておく。食べられた実の実物や写真を見て、みんなでカラス対策を考え、実行することを確認する。

2 対策案を出し合い、対策ごとにグループで作業する

　ネットやひもを張る、きらきらした物をぶら下げる、かかしをつくるなど、考えた対策を出し合う。やりたい対策ごとのグループで、友達と協力して作業する。材料は持ち寄るように働きかけておくが、長い棒など子供が用意しにくい物は教師が用意しておく。

1 まちの「すてき」たんけんをしよう

2 やさいをそだてよう

3 生きものとなかよし

4 つくってあそぼう

5 幼稚園の友達と仲よくしよう

6 図書館に出かけよう

7 こんなに大きくなったよ

活動：カラスなどの鳥への対策をする

point
困っている課題を解決していく中で、深い学びにつなげる

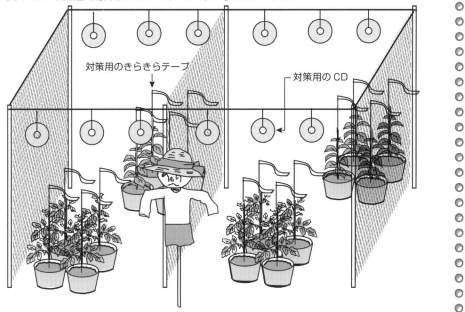

対策用のきらきらテープ

対策用のCD

3 実際に対策をして、学習カードを書く

それ、いいね！

あまったCDをかかしに付けよう

(のもり)

　自分たちの野菜の植木鉢やその周りに、カラス対策を施す。対策が終わった子供から、自分が行ったカラス対策やその理由、野菜への思いを学習カードに書く。対策を見合ったり、カードの内容を発表し合ったりして、子供が互いのがんばりを称えられるとよい。

期待する子供の反応

友達と相談したり、野菜の先生に聞いたりしながら、鳥への対策をする。

1 ［導入］
ミニトマトがなくなった。多分カラスに食べられたんだよ。収穫するのを楽しみにしていたのに。

⬇

2 ［展開］
ようし、カラスから野菜を守るぞ。持ってきたCDをぶら下げよう。高いところの方がいいんだな。

⬇

3 ［まとめ］
みんなの力でカラス対策ができたよ。もう実を食べられないといいな。

本時案

野菜を
収穫しよう

10/15

本時の目標

　育った野菜の大きさや色などを確かめて収穫し、収穫の喜びを実感することができる。

資料等の準備

・ビニール袋（収穫した野菜を入れる）
・はさみ
・デジタルカメラ
　（初収穫、前日の野菜の実を撮影）
・ものさし、はかり
・学習カード 2-2-4 💿

対話的な学びの視点からの授業改善
➡板書の工夫

point 1 子供の気付きを野菜の種類ごと、視点ごとに板書する。収穫した野菜の色や形、手触り、におい、大きさなど、様々な視点から観察した気付きを、板書で整理しながら取り上げていき、全体に広げるようにする。また、友達の収穫した野菜の様子を知ることで、自分の野菜の収穫時期を判断する材料にさせる。

point 2 共通点を見付けさせてラインを引くなどして、収穫を色で判断するものと大きさで判断するものがあることに気付かせる。野菜の様子を伝え合うときには、違う種類の野菜であっても、共通点があることを繰り返し見付けさせ、自然の不思議さや面白さを感じさせたい。

授業の流れ ▷▷▷

1 収穫の時期を迎えた野菜の様子について話し合い、収穫する

　同じ野菜を育てている友達と、収穫できそうか話し合う。どのくらいの色や大きさならよいか、自分の野菜を友達の野菜やお店の野菜などと比べて考え、収穫する。収穫時期は、野菜の種類やそれぞれの成長スピードによって違うので、収穫するかは自分で判断させたい。

2 収穫した野菜を観察し、収穫の喜びを学習カードに書く

　収穫した野菜の色や形、手触り、大きさなどについて発言させ、全体に広げる。その後、改めて野菜を観察しながら学習カードに書く。数を数えたり、長さや重さをはかったりしてもよい。収穫できなかった子供には、前日の野菜の写真や友達の野菜を見せる。

やさいをしゅうかくしよう

しゅうかくしたやさいのみは、どんなようすかな？

	色	形	手ざわり	におい	大きさ
ミニトマト	❗赤や黄色	丸い しずくみたい	少しやわらかい つるつる	トマトのにおい	大きな あめ玉くらい
ナス	つやつや むらさき	細長い丸 まがっている	少しやわらかい つるつる	においがしない	❗10〜15cm くらい
ピーマン	ぴかぴか みどり	ぼこぼこ	かたい つるつる	にがいにおい つよい	❗にぎりこぶし くらい
エダマメ	みどり	細長い つぶがならんでいる	ぼこぼこ 毛がざらざら	ちょっとだけ まめのにおい	❗4cmくらい みがふくらむ
オクラ	みどり	細長い 先がとがっている	ちょっとぬるぬる 毛がちくちく	ちょっと くさいにおい	❗中ゆび くらい

❗色や大きさを見てしゅうかくするといい。

早くりょうりして食べたい！
家ぞくにも食べてもらいたい！
みんなでやさいピザをつくって食べよう！

1 まちの「すてき」をたんけんをしよう

2 やさいをそだてよう

3 生きものとなかよし

4 つくってあそぼう

5 幼稚園の友達と仲よくしよう

6 図書館に出かけよう

7 こんなに大きくなったよ

3 収穫した野菜をどうしたいか考える

サラダに入れて食べたいな

家族のみんなに食べさせてあげたい

　収穫した野菜をどうしたいか発表し合う。「みんなの野菜をのせたピザで収穫を祝う」という目標も想起させる。基本的に、収穫した野菜は家に持ち帰らせ、簡単な野菜料理を家の人と一緒につくったり、食べたりして、喜びを分かち合ってもらうようにする。

期待する子供の反応

野菜の大きさや色を確かめて収穫し、収穫を喜ぶ。

1 ［導入］
野菜の先生が「こぶしくらいの大きさなら収穫できる」って言っていたよね。あ、私のこぶしくらいの大きさだ！

2 ［展開］
濃い緑色で、ぴかぴかしているよ。ピーマンのにおいがすごいよ。

3 ［まとめ］
家に持って帰って、料理してもらおう。早く食べたいな。家族にも食べさせてあげたいな。

本時案

野菜ピザを
つくろう

本時の目標

　収穫した野菜を使って野菜ピザをつくって食べることを通して、自分たちが育てた野菜のおいしさや収穫の喜びをみんなで味わうことができる。

資料等の準備

・ピザの材料
　（ピザ生地、野菜、ピザソース、チーズなど）
・三角巾、エプロン、マスク
・包丁、まな板、ざる、ボウル
・オーブン
・学習カード 2-2-5 💿

主体的な学びの視点からの授業改善

➡活動の工夫

🔍**point 1**　育てた野菜を全員で味わうことが活動の目的である。調理の技能を高めることが目的ではないので、子供は、①ピザ生地を伸ばす、②包丁で野菜を切る、③ソースを塗る、④野菜を生地の上に並べるなど、簡単にできる調理のみ行う。包丁を使ったりオーブンで焼いたりするので、班に１人ずつ学習ボランティアを配置する。野菜の先生を招いて一緒に味わうのもよい。

🔍**point 2**　みんなが育てた野菜をピザにのせることができるよう、数日前から収穫した野菜を学校の冷蔵庫で保管しておく。

🔍**point 3**　小麦アレルギーなどの食物アレルギーに配慮して材料を用意する。三角巾やエプロン、マスクの着用、手洗いなど、衛生面にも注意する。

授業の流れ ▷▷▷

1　野菜ピザづくりの手順を確認する

　野菜ピザのつくり方や手順は、黒板に示したり、実際にやって見せたりして確認する。手本を見せる教師の周りに子供を集めて、実演するとよい。包丁などの扱い方も指導する。班に１人ずつ学習ボランティアを配置して、安全に調理できるようにする。

2　野菜ピザをつくって食べる

　子供には、簡単にできる調理をさせる。事前準備や難しい調理は、学習ボランティアに進めてもらう。班で１枚ピザをつくり、焼きあがったピザを分けて食べる。これまでの野菜栽培を振り返りながら、味わえるようにしたい。

活動：野菜ピザをつくって食べる

3 野菜ピザをつくって食べた感想を書き、発表し合う

野菜ピザをつくって食べた感想を交流することで、収穫や栽培の喜びを深める。野菜の先生も招き、一緒に収穫を喜んだり、感謝の気持ちを伝えたりするとよい。招いた人からも、収穫までがんばってきたことや野菜のおいしさをほめてもらう。

期待する子供の反応

野菜ピザをつくって食べ、自分たちが育てた野菜のおいしさや収穫の喜びをみんなで味わう。

1 ［導入］
ピザのつくり方が分かったぞ。ようし、おいしい野菜ピザをつくろう！

2 ［展開］
これは、私のミニトマトだ。これは、Aさんのナスだね。おいしいね！

3 ［まとめ］

みんなの野菜が入ったピザは、すごくおいしかった。家でもまたつくってみたいな。

1 まちの「すてき」をたんけんをしよう

2 やさいをそだてよう

3 生きものとなかよし

4 つくってあそぼう

5 幼稚園の友達と仲よくしよう

6 図書館に出かけよう

7 こんなに大きくなったよ

本時案

野菜とお別れ しよう

本時の目標

　収穫した後の野菜の片付けを丁寧に行い、感謝の気持ちをもって、次の栽培への意欲を高めることができる。

資料等の準備

・軍手、長靴、帽子、タオル
・はさみ
・ビニール袋
・くわ、シャベル、移植ごて
・バケツ
・運搬用一輪車

主体的な学びの視点からの授業改善

➡活動の工夫

🔍**point 1**　収穫後の畑や植木鉢は、秋以降の栽培活動の下準備として、きれいにしておく必要がある。野菜も抜かなければならないが、ここまでたくさんの実を付けてくれた野菜に感謝の気持ちをもちながら活動できるようにしたい。お別れの際には、感謝の気持ちを膨らませるよう、楽しかったことを思い出させる。

🔍**point 2**　自分の力で野菜を栽培することができたことを実感させるため、自分たちで協力して最後まで後片付けをさせる。大きく育った根の様子と、土づくりの活動を関連付け、野菜栽培において土が重要であったことにも改めて気付かせたい。

授業の流れ ▷▷▷

1　野菜とお別れする手順を確認する

　「実がとれなくなった」「枯れてきた」といった報告から、そろそろ野菜の栽培が終わりであることに気付かせる。次の栽培のために、野菜を抜いて植木鉢をきれいにしてお別れする必要があることを、野菜の先生に話してもらってもよい。片付けの手順を確認する。

2　野菜とお別れをする

　思い出を語り合い、感謝の気持ちで、野菜とお別れをする。野菜が大きく育ち、1人では片付けが難しい場合は、協力して片付ける。茎や根、土、ビニールひもなどを分別する。野菜を抜くことをためらっている子供には、後日、教師と一緒に片付けてもよいことを伝える。

1 まちの「すてき」たんけんをしよう

2 やさいをそだてよう

3 生きものとなかよし

4 つくってあそぼう

5 幼稚園の友達と仲よくしよう

6 図書館に出かけよう

7 こんなに大きくなったよ

活動：自分の野菜とお別れをする

point

協力して片付けることを通して、これまでの学びを想起させ
次の学びにつなげる

ミニトマトさん、ありがとうございました

土は大切な布団だったんだね

よいしょ。よいしょ。

3 これからやりたいことを発表し合う

次はイチゴを育てたいな

秋の野菜もいいね

大きく張った根から、土のよさにつなげ、土づくりの大切さを感じ取らせる。さらに、「大根を育てたい」「家で植木鉢にイチゴを植えてみたい」など、これからやりたいことを発表し合う。これまでの野菜の栽培経験を生かして、秋野菜の栽培活動をするのもよい。

期待する子供の反応

感謝の気持ちをもちながら野菜とお別れをし、次の活動への意欲を高める。

1 ［導入］
実がとれなくなって、葉も茎も枯れてきたよ。そろそろミニトマトキングとさようならなんだね。

2 ［展開］
たくさんおいしい実をつけてくれて、ありがとう。すごい根だ！土の中でもこんなに大きくなっていたんだね。

3 ［まとめ］
また野菜を育てたいな。秋から育てられる野菜を調べてみよう。

本時案

野菜のお世話を振り返ろう

本時の目標

これまでの野菜の栽培活動を振り返り、大切に世話をしてきたことや野菜の成長、自分自身の成長を実感することができる。

資料等の準備

・これまでに記入した学習カード
・活動の写真
・短冊カード
　（B6サイズにカットした白画用紙）
・ペン

授業の流れ ▷▷▷

1 これまでの栽培活動を振り返る

これまでの栽培活動を、書きためた学習カードや写真などを手がかりにして振り返る。じっくりと読み返し、振り返ることによって、野菜の成長の様子だけではなく、ここまで一生懸命に世話をしてきた自分自身にも目が向くようにする。

2 分かったことやできるようになったことなどを伝え合う

グループで話し合いながら、分かったこと、できるようになったことなどを、短冊カードに書き出す。その後、カードの内容を全体で伝え合い、分類しながら黒板に貼っていく。たくさん貼られた短冊カードとその内容から、子供自身に自己有用感をもたせたい。

1 まちの「すてき」たんけんをしよう

2 やさいをそだてよう

3 生きものとなかよし

4 つくってあそぼう

5 幼稚園の友達と仲よくしよう

6 図書館に出かけよう

7 こんなに大きくなったよ

やさいのおせわをふりかえろう

やさいのすごいところ

大きくなって、ぼくよりせが高くなったところ	はが数えきれないくらいになったところ	台風でもおれなかったところ
虫にまけなかったところ	たくさんみをつけてくれたところ	スーパーのやさいよりおいしいところ

おいしいやさいがたくさんとれたのは、こんなにおせわをがんばったからだね。やさいはすごい！みんなもすごい！

分かったこと

水のやりすぎは×	水が少ない方がトマトはあまくなること	わきめをつむとみが大きくなること
花がさいたところにみができること	ナスにはひりょうをたくさんやること	ねっこが太くて長いこと

できるようになったこと

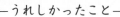

ふかふかの土をつくること	わきめを見分けること	しゅうかくができるか分かること
	やさいのようすを見て、せわをすること	おいしいやさいをそだてること

大へんだったこと

まい日やさいのようすを見ること	虫を見つけたらすぐとること	
アブラムシをテープでとること	ミニトマトのびょう気をしらべたこと	カラスからみをまもること

うれしかったこと

自分の力でやさいをそだてたこと	たくさんしゅうかくできたこと	みんなでやさいピザを作って食べたこと
やさいの先生がほめてくれたこと	サラダに入れて家ぞくで食べたこと	家ぞくがおいしいと言ってくれたこと

3 まとめる方法を考える

私は「ミニトマト説明書」にしよう

僕はナスに手紙を書くよ

　次時では、本時の振り返りをもとに、これまでの学習カードなどを自分なりの作品としてまとめることを知らせる。絵本、育て方説明書、手紙、新聞など、まとめ方の例を提示し、子供ができあがりのイメージをもって活動できるようにする。

期待する子供の反応

栽培活動を振り返り、大切に世話をしてきたことや野菜の成長、自分自身の成長を実感する。

1 ［導入］

最初は小さな苗だったのに、私の背よりも大きくなったよ。

2 ［展開］

野菜をよく見て、土を触って、水が欲しそうだったらあげるようになった。どれがわき芽か分かるようになった。

3 ［まとめ］

上手に育てられたよ。育て方説明書にまとめて、友達や家族に教えたいな。

本時案

野菜物語を
まとめよう

本時の目標

これまでの野菜の栽培活動を振り返って、自分の野菜への思いや、気付いたこと、自分自身の成長について表現したり、伝えたりすることができる。

資料等の準備

- これまでの学習カード、活動写真
- ペン型クレヨン、クレヨン
- はさみ、のり
- 画用紙
- 作文用紙
- 学習カード 2-2-6
- 学習カード 2-2-7
  （メッセージカード）

深い学びの視点からの授業改善

→活動の工夫

○point 1 「野菜物語」は、書きためてきた学習カードを活用し、新たなものをつくるというよりも、これまでの活動や気付きを振り返り、捉え直して、ページを加えていく。野菜の成長と重ね合わせながら、自分自身の成長も実感させたい。栽培活動を通して、できるようになったことや、やり遂げたことなど、自分の成長とともに、次の活動への意欲を表現するページをつくる。

○point 2 できあがった作品を学級で紹介し、感想を伝え合ったり、メッセージを書いて贈り合ったりする。もらったメッセージカードも、作品の1ページに貼り付けるなどして、保存しておくようにする。作品を家族や野菜の先生にも紹介するなど、交流の対象を広げてもよい。

授業の流れ ▷▷▷

1 前時の振り返りを想起し、本時の見通しをもつ

前時の板書写真や活動写真などを簡単に見直し、振り返ったことを想起させる。本時は、これまでの学習カードなどと新たに書き足すページをまとめて作品にすることを確認する。まとめ方の例は、教室前方に置いておき、子供が手に取って見られるようにしておく。

2 ページを書き足して、野菜物語をつくる

できるだけ、書きためてきた学習カードを活用する。最後のページには、栽培活動を通して、できるようになったことや、やり遂げたことなどの自分の成長とともに、次の活動への意欲を書く。表紙と裏表紙を付けて製本するだけでも、自分の「野菜物語」になる。

1 まちの「すてき」たんけんをしよう

2 やさいをそだてよう

3 生きものとなかよし

4 つくってあそぼう

5 幼稚園の友達と仲よくしよう

6 図書館に出かけよう

7 こんなに大きくなったよ

活動：野菜物語をまとめ、読み合う

3 完成した野菜物語を読み合い、メッセージカードを贈り合う

ミニトマトのお世話がよく分かったよ

でき上がった作品を紹介し、感想を伝え合ったり、メッセージを書いて贈り合ったりする。でき上がった作品は、しばらく教室内に飾っておいて、自由に見られるようにしておく。メッセージカードも書けるようにしておく。

期待する子供の反応

栽培活動を振り返って、自分の野菜への思いや、気付いたこと、自分自身の成長を表現したり、伝えたりする。

1 ［導入］
ミニトマトの育て方説明書にしよう。お世話のポイントをのせたいな。

2 ［展開］
お世話のポイントを書いたページを足そう。目次を付けると、お世話の順番が分かりやすくなっていいかも。

3 ［まとめ］
「ミニトマトのお世話がよく分かったよ」と言われたよ。家族にも見せよう。

3 生きものとなかよし

12時間

【学習指導要領】内容(7)動植物の飼育・栽培

1時	2・3時	4時	5・6時
第1小単元（導入）		**第2小単元（展開①）**	
身の回りの生き物に関心をもち、進んで生き物に働きかけようとする。		生き物の飼育に関心をもち、生き物として、親しみをもって、大切に育てようとする。	
1．生き物マップをつくろう 生き物を探し、見付けた生き物を住んでいる場所ごとに色分けした付箋紙にかき、生き物マップをつくる。 **2・3．生き物を見付けよう** みんなでつくった生き物マップを基に、自分の育ててみたい生き物のいる場所を探し、捕まえてくる。		**4．生き物のお家をつくろう** 捕まえた生き物について、図鑑で調べたり、住んでいた場所を思い出したりしながら、生き物が快適に暮らせる環境をつくる。 **5・6．生き物の喜ぶことをしよう** 生き物が喜ぶことを考え、名前を付けたり、えさをあげたりするなど、自分が考えたことを実行する。 ※生活科の時間だけではなく、日常的に活動できるようなしかけをする（例：朝の会での虫の健康観察・朝の時間に飼育タイムの設定・帰りの会での「今日の様子」についての話など）。	
✒見付けた生き物を住んでいる場所ごとに分類しながら付箋紙にかいている。 ☺身の回りの生き物に関心をもち、進んで探している。		✒生き物によって暮らす環境やえさが違うことに気付いている。 ✒生き物の立場になって考え、すみかを工夫してつくったり、えさをあげたりしている。	

本単元について

単元の概要と育成を目指す資質・能力

　本単元は、学習指導要領の内容(7)「動植物の飼育・栽培」における、内容構成の具体的視点として、「キ　身近な自然との触れ合い」「カ　情報と交流」を位置付けて単元を構成している。

　本単元では、身近な生活に関わる見方・考え方を生かして学習活動を展開し、一人一人の資質・能力の育成を目指す。それは、生き物の育つ場所、変化や成長の様子に目を向け対象を捉え、生命をもっていることに気付くとともに、生き物への親しみをもち、大切にしようという思いや願いをもって活動することである。

　そのために、本単元では、自分が育てたい生き物を探し、採集し、飼育することを通して、対象に親しみをもてるようにする。飼育の際には、生き物が喜ぶことを考えたり、図鑑を使って調べたりし、生き物にとって、快適な飼育環境を用意することを意識させる。そして、生き物の観察を行い、観察したことを友達や他の学年に伝える活動へと発展させる。終末では、生き物をこれからどうするかを考えたり、生き物からもらった贈り物は何かを考えたりすることを通して、自分の変化・成長に気付かせたい。

1 まちの「すてき」をしたんけんをしよう

2 やさいをそだてよう

3 生きものとなかよし

4 つくってあそぼう

5 幼稚園の友達と仲よくしよう

6 図書館に出かけよう

7 こんなに大きくなったよ

単元の目標

生き物を育てる活動を通して、それらの育つ場所、変化や成長の様子に関心をもって働きかけることができ、それらは生命をもっていることや成長していることに気付くとともに、生き物への親しみをもち、大切にすることができるようにする。

7時	8・9時	10時	11時	12時
第3小単元（展開②）			第4小単元（終末）	
生き物について、観察して分かったことを表現し、伝えようとする。			今までの活動を振り返り、生き物に対する思いを深め、自分の変化・成長に気付く。	

7．生き物を観察しよう
生き物を観察し、分かったことを観察カードに絵や文でかく。

8・9．「わくわく生き物園」の準備をしよう
生き物をどうやって紹介するのか（ポスター・絵本・カード・クイズ・新聞など）を考え、必要な物を準備する。

10．「わくわく生き物園」にお客さんを招待しよう
「わくわく生き物園」で生き物を自分で考えた方法でお客さんに紹介し、感想を伝えてもらう。

🖌紹介の仕方を考え、生き物の様子に合わせて自分らしく表現している。
☺生き物の特徴について、分かったことをまとめ、進んで紹介しようとしている。

11．これからどうするかを考えよう
生き物をこれからどうするかを考え、生き物に手紙を書いたり、返事を書いたりする。

12．生き物からの贈り物
生き物を飼育することを通して、楽しかったこと、うれしかったこと、悲しかったこと、大変だったことなどを振り返り、もらったものは何かを考える。また、作文に書くことで、自分の変化や成長に気付く。生き物を生息場所に戻したり、続けて飼育したりする。

🖊生き物の生命や成長に気付くとともに、自分の変化・成長に気付いている。
🖌これまでの活動を振り返り、学んだことを手紙や作文に書いている。

【評価規準】 🖊…知識・技能 🖌…思考・判断・表現 ☺…主体的に学習に取り組む態度

本単元における主体的・対話的で深い学び

本単元では、第3小単元において、自分の飼育している生き物について紹介するわくわく生き物園の活動を設定する。紹介する相手がいることで、どのような表現方法や言葉を使って紹介するかを考え、自分らしく表現することができる。紹介する相手は、学校や学級の実態に応じて、他学年や家族、地域の方など、多様なお客さんを呼ぶようにする。準備の際には、紹介する相手を意識しながら、国語と関連させて、招待状や新聞をつくったり、図画工作と関連させて、生き物ポスターや絵本をつくったりする活動

を行う。子供自身が表現方法を選択することで、主体的に活動に取り組む姿が期待できる。

また、第4小単元では、自分の飼育している生き物に手紙を書いたり、生き物になりきって返事を書いたりする。対象に思いを寄せながら手紙を書くことで、生き物についての気付きを深めていくことができる。そして、最後に「生き物からの贈り物」を考えることで、自分自身の変化・成長に気付く姿を期待する。これらの活動を通して、生き物への親しみをもち、大切にしようとする子供を育みたい。

本時案

生き物マップをつくろう

本時の目標

生き物に関心をもち、生き物が住んでいそうな場所を進んで調べたり、探したりし、見付けた生き物を付箋紙に絵と言葉でかくことができる。

資料等の準備

- 4色の付箋紙
- 生き物マップ（校舎の周辺を描いた模造紙）
- 生き物の写真
- 生き物の図鑑

主体的な学びの視点からの授業改善

→ 板書の工夫

point 1 見付けた生き物を付箋紙にかき、教室に帰ってきてからその付箋紙を貼り、みんなで「いきものマップ」をつくることを提案する。本時では、捕まえることに重きを置くのではなく、できるだけたくさんの種類の生き物を探し、「いきものマップ」を埋め尽くすことを意識させる。

point 2 それぞれの生き物がいる場所を意識させるために、4色の付箋紙を活用する。水、草、空、土の4か所を意識させることで、様々な場所を探そうとする意欲を高め、生き物によって、生息している場所が違うことに気付くことができる。

授業の流れ ▷▷▷

1 生き物を探す場所と見付けたらどうするのかを確認する

今日は、生き物マップをつくりましょう

教室で、虫探しをする場所と見付けたら付箋紙に絵と言葉でかくことを確認する。その際、見付けた場所ごとに色分けすることを伝える（水：青、草：緑、空：ピンク、土：黄）。本時では、捕まえること以上に、いろいろな種類の生き物を見付けることを意識させる。

2 校舎周辺で生き物を探し、見付けたら付箋紙にかく

校舎周辺で生き物を探し、見付けたら場所ごとに色分けをしながら付箋紙に記入する。絵と言葉（その生き物の名前を知っていたら）でかくように意識させるが、絵が苦手な子供には言葉だけで、生き物の名前を知らない子供には絵だけで描かせてもよい。

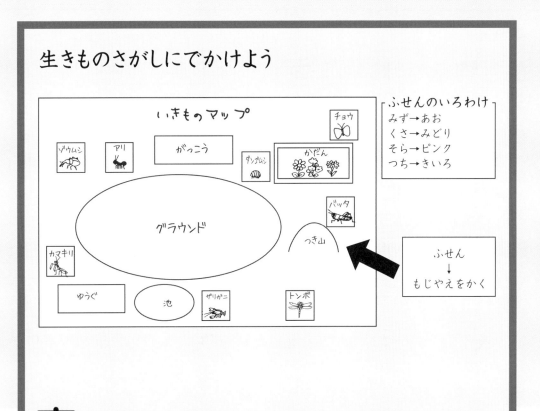

生きものさがしにでかけよう

いきものマップ

チョウ

ゾウムシ

アリ

がっこう

ダンゴムシ

かだん

バッタ

カマキリ

グラウンド

つき山

ゆうぐ

池

ザリガニ

トンボ

ふせんのいろわけ
みず→あお
くさ→みどり
そら→ピンク
つち→きいろ

ふせん
↓
もじやえをかく

1 まちの「すてき」たんけんをしよう

2 やさいをそだてよう

3 生きものとなかよし

4 つくってあそぼう

5 幼稚園の友達と仲よくしよう

6 図書館に出かけよう

7 こんなに大きくなったよ

3 見付けた生き物を紹介し、「いきものマップ」をつくる

いきものマップ

チョウ

池には
ザリガニが
いました

がっこう

かだん

グラウンド

ゆうぐ

池

　見付けた生き物を場所ごとに発表し、模造紙に貼っていく。校舎のどの辺りで見付けたのか、前に出て、「いきものマップ」を指差しながら発表させたい。また、知らない名前の生き物がいた際には、知っている子供から聞いたり、図鑑で一緒に調べたりする。

期待する子供の反応

進んで生き物探しをし、生き物に関心をもつ。

１ ［導入］
どんな生き物がいるのかな。楽しみだな。どこに探しに行こうかな。

↓

２ ［展開］
こんなところにいるんだね。石の下に隠れていたよ。この生き物の名前は何かな。図鑑で調べてみよう。

↓

３ ［まとめ］
コオロギはこういうところにいるんだね。学校の周りにはたくさんの生き物が住んでいるんだね。

本時案

生き物を
見付けよう

2-3/12

本時の目標

　自分の育ててみたい生き物を進んで探すとともに、生き物はいろいろな場所で生きていることや生き物のすみかの特徴に気付くことができる。

資料等の準備

・生き物マップ（前時につくった物）
・生き物を採集する道具（虫捕り網など）
・虫かご等、生き物を入れる物
・生き物の図鑑
・タオル
・デジタルカメラ
・救急鞄

主体的な学びの視点からの授業改善

→環境構成の工夫

〔 point 1 〕 前時につくった「いきものマップ」は、教室に掲示し、いつでも子供が見られる環境をつくっておく。その「いきものマップ」を基に、あらかじめ自分の育ててみたい生き物を選んでおき、その生き物が住んでいる場所に探しにいけるようにする。

〔 point 2 〕 教室には、何種類かの生き物図鑑を用意しておき、いつでも子供が手に取って見られる環境を整えておく。本時だけでなく、子供が休み時間に生き物を見付けたときなど、自ら進んで活用できるようにし、生き物への関心を高めるようにする。

授業の流れ ▷▷▷

1 教室で探しに行く場所と生き物を飼育することを確認する

育てたい生き物がいる場所を確認しましょう

　前時につくった「いきものマップ」を基に、自分の育ててみたい生き物のすみかを確認する。捕まえに行く場所を絞り、すぐに向かえるようにする。また、本時で採集した生き物は自分自身で飼育することを確認し、飼育に必要な草や土なども入れてくるようにする。

2 育ててみたい生き物を探し、関わり、捕まえる

何て名前のチョウだろう…

　校舎周辺で自分の育ててみたい生き物を探し、触ったり、捕まえたりする。生き物の動きを予想しながら捕まえたり、友達と力を合わせて工夫して捕まえたりすることを促す。捕まえた際には、その場所の特徴を確認し、草や土、水などを入れるように声かけをする。

環境構成のイメージ

生き物の図鑑を用意し、活動に主体的に取り組めるようにする

いろいろな虫がいるね

何がいるかわくわくするね

そーっとね

図鑑

どこにいるのかな

見て！

バッタだ！！

1 まちの「すてき」たんけんをしよう

2 やさいをそだてよう

3 生きものとなかよし

4 つくってあそぼう

5 幼稚園の友達と仲よくしよう

6 図書館に出かけよう

7 こんなに大きくなったよ

3 捕まえた生き物を教室に持ち帰り、友達と共有する

何トンボか図鑑で調べてみよう

「いきものマップ」を基に、どの場所でどのような生き物を捕まえてきたのかを友達同士で情報交換する。その際、どうやって捕まえたのかを教えてもらったり、生き物を触らせてもらったりと、子供同士が自由に見せ合えるような雰囲気を大事にする。

期待する子供の反応

育ててみたい生き物の住んでいる場所を予想しながら、進んで生き物を探している。

1 ［導入］
よし、自分だけの生き物を探しに行くぞ。わくわくするね。楽しみだな。

2 ［展開］
このトンボは何トンボかな。図鑑で調べてみよう。水の中には何がいるのかな。ダンゴムシを捕まえたよ。

3 ［まとめ］
ダンゴムシは石の下で見付けたよ。トンボが捕まえられるなんてすごいね！

本時案

生き物のお家をつくろう

本時の目標

捕まえた生き物について、図鑑で調べたり、住んでいた場所を思い出したりしながら、生き物が快適に暮らせる環境をつくることができる。

資料等の準備

・虫かごや水槽、ダンボールなどの飼育ケース
・生き物の図鑑
・飼育方法や必要な材料などが書かれた本
・土、草、木、石など
・エアポンプ

主体的な学びの視点からの授業改善

➡環境構成の工夫

{ point 1 } 生き物のお家をつくるために必要な材料をあらかじめ用意しておき、子供が自由に使える環境を整える。また、お家づくりをすることを事前に伝えておき、教室にはない足りない材料は、必要に応じて取りに行かせておくようにする。

{ point 2 } 教室には、生き物探しのときの写真を掲示しておき、生き物がどのような場所で生活していたのかを思い起こせるようにしておく。また、飼育方法や飼育に必要な材料などが書かれた本や生き物の図鑑も用意しておき、いつでも手に取って調べながら活動が進められるようにする。

授業の流れ ▷▷▷

1 生き物が快適に過ごすには、どのようなお家が必要か確認する

前時の生き物探しの写真を基に、生き物にとって、どのようなお家が住みやすいのかを考え、確認する。実際のお家づくりの活動に入る前に、捕まえたときの場所の様子を思い起こさせ、お家をつくるために、どんな材料が必要か見通しをもたせるようにする。

2 生き物に合ったすみかをつくる

生き物に合ったお家に必要な材料を取りに行き、それぞれの飼育ケースにすみかをつくる。その際、生き物にとって、過ごしやすいお家づくりを意識させる。活動途中で、飼育本や生き物の図鑑を手に取ったり、友達と相談したりしながら進められるようにする。

1 まちの「すてき」 たんけんを しよう

2 やさいを そだてよう

3 生きものと なかよし

4 つくって あそぼう

5 幼稚園の 友達と 仲よくしよう

6 図書館に 出かけよう

7 こんなに 大きくなったよ

環境構成のイメージ　子供のイメージを膨らませる材料を用意する

point

前時の活動の様子を想起させるために、黒板に写真を掲示しておく。

黒板にも写真を掲示

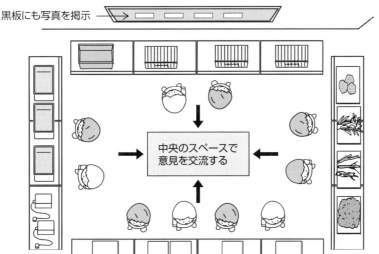

中央のスペースで意見を交流する

3 本時の活動を振り返り、今後、やりたいことを考える

> バッタは何を食べるのか、図鑑で調べたいです!

お家をつくる際に、どのような工夫をしたのか全体の前で発表し、情報を共有する。自分はしていなかった友達の工夫に気付き、真似してみたいという思いをもったり、もっとしてみたいことを思い浮かべたりするなど、今後の飼育への意欲が高まるようにする。

期待する子供の反応

捕まえた生き物が快適に暮らせるようなすみかをつくろうとしている。

1 [導入]
バッタを捕まえた場所と同じようなお家にしてあげたいな。

2 [展開]
バッタは草むらで見付けたから、お家にあの草を入れてあげたいな。小枝や石も入れたほうがいいかな。

3 [まとめ]
次はえさをあげないと死んじゃうよ。バッタは何を食べるのかな。図鑑で調べて捕まえてこよう!

本時案

生き物の喜ぶ
ことをしよう

本時の目標

　捕まえた生き物の喜ぶことを考え、飼育環境を整えたり、名前を付けてかわいがったりするなど、自分にできることに取り組むことができる。

資料等の準備

- 虫かごや水槽、ダンボールなどの飼育ケース
- 生き物の図鑑
- 飼育方法や必要な材料などが書かれた本
- 土、草、木、石など
- エアポンプ
- 画用紙、折り紙、マジック、セロハンテープなど、子供たちが必要とする物

主体的・対話的な学びの視点からの授業改善
→活動の工夫

point 1　子供に生き物の喜ぶことを考えさせ、自己選択・自己決定させながら活動を進める。そうすることで、子供の思考力・判断力・表現力は発揮される。一人一人の子供の発想を尊重し、子供の考えたことが実現できる支援を行いながら、活動を進めるようにしたい。

point 2　理科専科の教師や生き物に詳しい地域の方（以下、専門家）を招き、アドバイスしてもらう。「もっと元気に育ってほしい」「もっと上手に育てたい」という子供の願いを大切にし、その状況が生まれたときに専門家との出会いの場をつくる。そして、教室内を自由に動き回って活動できる雰囲気をつくり、気軽に相談しながら活動を進められるようにする。

授業の流れ ▷▷▷

1 生き物の喜ぶことを考え、発表する

　生き物にとって、どのようなことをすることがうれしいことなのかを考える。えさをあげる、名前を付ける、一緒に遊ぶ、広いお家に引っ越すなど、子供の自由な発想を大切にしたい。また、最初に発表することで、見通しをもって活動できるようにする。

2 生き物の喜ぶことをする

　自分が考えた生き物の喜ぶことを実際にやってみる。そのために、子供が必要とすると予想される物を、できるだけたくさん準備しておく。また、教室内を自由に動き回り、友達や専門家と対話しながら主体的に活動を進められるようにする。

活動：生き物の喜ぶことをする

①名前を紙に書いてケースに貼る

②飼育ケースを大きくする

③えさを食べさせる

④同じ生き物を捕まえて育てる

⑤生き物と一緒に遊ぶ

⑥専門家にアドバイスをもらう

point

一人一人の子供の発想を生かし、生き物の気持ちになって考えさせる

---

3 本時の活動を振り返り、今後、やりたいことを考える

草が増えて、うれしいって言っているよ

　生き物の喜ぶことをしたことで、生き物はどんな気持ちになっていると思うか（生き物の声を聞く）を考える。そして、次にやりたいことを考え、さらに、生き物に喜んでもらえるように、飼育活動を工夫し続けていくようにする。

期待する子供の反応

捕まえた生き物の喜ぶことを考え、自分なりの方法で実行しようとしている。

1 [導入]

ダンゴムシに名前を付けてあげたいな。

2 [展開]

ダンゴムシの名前が友達にも分かるように、名前を書いた紙をつくって貼ろうかな。

3 [まとめ]

次は、ダンゴムシの友達になるダンゴムシを捕まえてきて、入れてあげたいな。

1 まちの「すてき」たんけんをしよう

2 やさいをそだてよう

3 生きものとなかよし

4 つくってあそぼう

5 幼稚園の友達と仲よくしよう

6 図書館に出かけよう

7 こんなに大きくなったよ

本時案

生き物を
観察しよう

本時の目標

　自分の飼っている生き物を観察し、分かったことを絵や文章を用いて観察カードにかくことができる。

資料等の準備

・探検バッグや下敷き
・鉛筆
・ペン型クレヨン
・虫めがね
・学習カード 2-3-1 💿
　（観察カード）

授業の流れ ▷▷▷

1 観察のポイントやカードにかくときのポイントを確認する

　観察する前に、観察のポイントを確認する。まずは子供たちからアイデアを出させ、足りない場合は、教師から示すようにする。また、カードをかくときのポイントも確認する。絵や文章で分かったことを表現できるように、板書しながら進めるようにする。

2 観察カードに絵や文章で分かったことをかく

　観察カードに分かったことを記入する。絵については、大きさ、色、形など虫めがねを使ってよく見て描かせるようにしたい。どうしても見られない部分がある場合は、図鑑を活用する。文章については、分かったことだけでなく、対象から聞こえた声を書かせたい。

生きものをかんさつしよう

アイテム：むしめがね、生きもののずかん、たんけんバッグ、クレヨン

<u>かんさつのポイント</u>

・よくみる
・さわったかんじ
・こえをきく
・むしめがねをつかう

<u>わかったこと</u>

・あしのかずは○本
・からだがいくつかにわかれている
・あたまにしょっかくがついている
・はねがある生きものもいる

<u>カードにかくときのポイント</u>

・おおきくかく
・いろをほんものとまねる
・かたちをほんものとまねる
・きこえたこえをかく

よく見ると、いろいろなことがわかった。これからもよくかんさつして、大切に育てよう！

1 まちの「すてき」たんけんをしよう

2 やさいをそだてよう

3 生きものとなかよし

4 つくってあそぼう

5 幼稚園の友達と仲よくしよう

6 図書館に出かけよう

7 こんなに大きくなったよ

3 分かったことを発表し、わくわく生き物園への意欲を高める

　分かったことを発表させ、板書する。子供一人一人の気付きを大切にし、認めながら黒板にまとめていく。また、この分かったことをこのままにしておくのではなく、誰かに伝えたいという意欲をもたせたい。そして、わくわく生き物園の活動へとつなげたい。

期待する子供の反応

自分の飼っている生き物を観察し、分かったことを絵や文章を用いて観察カードにかく。

1 ［導入］
虫めがねを使って、よく見てかいてあげたいな。本物そっくりに描くぞ。

2 ［展開］
カマキリの体は３つに分かれているんだね。カマキリさんが、「お腹がすいたよー」と言っているのが聞こえたよ。

3 ［まとめ］
次は、この分かったことを、たくさんの人たちに教えてあげたいな。

本時案

「わくわく生き物園」の準備をしよう

8-9/12

➡板書の工夫

point 1 子供に招待する人や紹介の仕方を考えさせ、やりたいことのイメージを膨らませる。出てきたアイデアを板書し、やりたいことを整理していく。友達の考えを知ることで、自分のやりたいことのアイデアが広がったり、新しいアイデアが生まれたりすることを期待する。

point 2 子供それぞれのやりたいこととは別に、生き物園をオープンするために必要な係も決め、グループ分けをして友達と協力して進められるようにする。紹介の仕方も係の仕事も、できる限り自己選択・自己決定させ、子供のやりたい思いを大切にしたい。また、これまでの生活科や係活動などの経験を生かし、お客さんの立場を考えて準備が進められるようにする。

本時の目標

自分の飼っている生き物について、観察して分かったことを基に、お客さんに伝えたいことを考え、個人やグループで必要な物を準備することができる。

資料等の準備

・観察カード（前時にかいたもの）
〈子供が必要とする物（例）〉
・画用紙
・マジックやクレヨン
・コピー用紙
・段ボール
・作文用紙

授業の流れ ▷▷▷

1 わくわく生き物園のオープンに向けて話し合う

お客さんに喜んでもらえるような「わくわく生き物園」をオープンできるように話合いを行う。招待する人ややりたこと（紹介の仕方）、係の仕事など、必要なことを話し合い、今後の活動に思いや願いをもって取り組めるようにする。

2 役割分担をし、やることを整理する

生き物園のオープン当日は、自分のやりたい紹介の方法で、前半チームと後半チームに分かれて行う。係の仕事はその前半、後半に配慮しながらグループで行う。子供の意欲を尊重し、自己選択・自己決定しながら活動を進められるようにしたい。

わくわく生きものえんのオープンにむけて

おきゃくさんによろこんでもらえるような生きものえんをオープンさせよう！

○しょうたいする人
・ほかのがくねん　・せんせいがた
・おうちの人

○やりたいこと
・ポスター　　・しんぶん　　　　・クイズ
・ぬりえ　　　・ふれあいコーナー　・えさやり
・かみしばい

○かかり
・せんでん（チラシ）　・ポスター
・あん内　　　　　　　・かんばん

つたえたいことはなんだろう？
・生きもののとくちょう
・そだてかた
・なまえ
・つかまえたばしょ
・すきなたべもの
・かわいいポイント

→ おきゃくさんにたのしんでもらえるように、みんなで力を合わせてがんばろう！

1 まちの「すてき」をたんけんをしよう

2 やさいをそだてよう

3 生きものとなかよし

4 つくってあそぼう

5 幼稚園の友達と仲よくしよう

6 図書館に出かけよう

7 こんなに大きくなったよ

3 係の仕事とやりたいことで時間を分けて準備を進める（次時も）

前半は係の仕事の準備、後半はやりたいことの準備など、時間を分けて活動を進められるようにする。個人で、または、グループで工夫しながら自分の思いや願いを形にできるような環境を整え、支援を行う。相手意識をもつことで、より一層工夫する姿を期待する。

期待する子供の反応

お客さんに喜んでもらえるように、わくわく生き物園のオープンに向けて、必要な物を準備する。

1 ［導入］
他の学年の人を呼びたいな。えさやり体験をさせてあげたいな。

2 ［展開］
みんながびっくりするような看板をつくりたいな。看板係をやりたいな。

3 ［まとめ］
よし、みんなで力を合わせて、お客さんに楽しんでもらえるように準備を進めるぞ！

本時案

「わくわく生き物園」にお客さんを招待しよう

10／12

本時の目標

　わくわく生き物園にお客さんを招待し、自分の飼っている生き物について、それぞれの考えた方法でお客さんに紹介することができる。

資料等の準備

・事前に準備した物
　（ポスター、紙芝居、新聞、本、ぬり絵、クイズ、えさなど）

> **対話的な学びの視点からの授業改善**
>
> ➡**環境構成の工夫**
>
> 〈point 1〉 例えば、前半に係の仕事をする、後半にお客さんに紹介をするというように、前半と後半に分けて時間環境の構成を意識する。当日の係の仕事がない子供は、紹介している友達の補助に回り、困ったときに助けてあげるなど、自信をもってお客さんに生き物の紹介ができるように工夫する。
>
> 〈point 2〉 お客さんには、可能な範囲で質問や感想を伝えてもらうようにし、状況に応じて行動する自己調整力を高めたい。そして、お客さんと対話する空間環境を整えることで、生き物に対する気付きの質を高めたり、さらに、調べてみたい疑問を抱いたりすることができる。そこから手応えをつかみ、自信をもつ姿を期待する。

授業の流れ ▷▷▷

1 めあてや役割分担を確認し、オープンに向けて意欲を高める

　これまでがんばって準備を進めてきたことをほめ、自信をもって活動に取り組めるようにする。自分の役割を確実に行えるように、1時間の動きを表にしてまとめておき、それを見ながら確認する。表は掲示しておき、時間になったら動けるようにする。

2 係の仕事をしたり、お客さんに紹介したりする

　役割の場所につき、お客さんの対応をする。お客さんに紹介を聞いてもらったり、質問してもらったりし、対話しながら生き物への気付きを深めたい。また、相手によって言葉遣いを変えたり、聞かれたことにすぐに答えたり、臨機応変に対応できるように促したい。

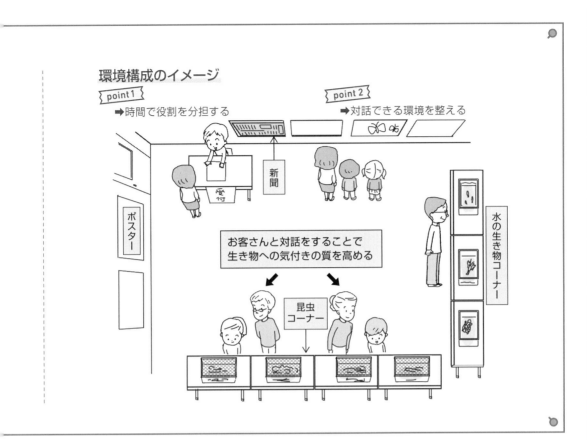

環境構成のイメージ

point 1
➡ 時間で役割を分担する

point 2
➡ 対話できる環境を整える

新聞

ポスター

水の生き物コーナー

お客さんと対話をすることで
生き物への気付きの質を高める

昆虫
コーナー

1 まちの「すてき」たんけんをしよう

2 やさいをそだてよう

3 生きものとなかよし

4 つくってあそぼう

5 幼稚園の友達と仲よくしよう

6 図書館に出かけよう

7 こんなに大きくなったよ

3 本時の活動を振り返り、感想を伝え合う

きちんと説明できました！

喜んでもらえてうれしかった

よくがんばったね！

お客さんから伝えてもらった感想を発表したり、それを聞いたときの自分の気持ちを発表したりしながら、達成感を味わえるようにする。また、子供の様子のよかったところやがんばりを伝え、自信をもたせたい。

期待する子供の反応

自分の飼っている生き物について、（お客さんに）自信をもって紹介している。

1 ［導入］
いよいよ生き物園のオープンだ！お客さんにしっかり伝えるぞ。

2 ［展開］
生き物クイズをやっています。えさやりしてみますか。ダンゴムシの足の数は…。このバッタの名前は…です。

3 ［まとめ］
お客さんが生き物のことがよく分かったと言ってくれて、うれしかった。がんばってよかったな。

本時案

これから
どうするかを
考えよう

11/12

本時の目標

　これまでの活動を振り返りながら、飼っている生き物に向けて、手紙を書いたり、飼っている生き物になりきって、手紙の返事を書いたりすることを通して、これからの活動を想像し、生き物への愛着を深めることができる。

資料等の準備

・手紙用の便箋
・鉛筆
・ペン型クレヨン

授業の流れ ▷▷▷

1 これまでの活動を振り返る

　生き物と過ごしてきた日々を振り返り、思い出の出来事とそのときの自分の気持ちを発表させる。そして、一つひとつの意見を大切にし、板書していく。生き物に対する子供の思いを広げたり、深めたりし、手紙を書く活動へとつなげたい。

2 これからどうするかを考える

　これからどうするのかを考え、その理由を発表させる。主に、「自然に帰したい」「飼い続けたい」という2つの意見になることが予想される。どちらの意見も否定することなく、子供の思いを受け止めたい。そして、その思いを板書し、子供が深く考えられるようにする。

生きものへお手がみをかこう！

> これまでのことをふりかえり、これからどうするかをかんがえ、
> お手がみをかこう

これまで

- ・おせわをがんばった。
- ・いっしょにあそんで、たのしかった。
- ・しんじゃったときは、かなしかった。
- ・いろいろなことをおしえてもらった。

これから

- ・しぜんにかえしたい→
  しんじゃうかもしれない。じぶんのおうちにかえりたいかも。じゆうにうごきまわれない。かぞくやともだちがまっているかも。
- ・このままかいつづけたい→
  いなかったらさみしい。おせわをつづけてがんばりたい。あかちゃんがうまれるのをみたい。もっとかんさつしたい。

つたえたいこと

- ・ありがとう。
- ・いのちの大切さがわかったよ。
- ・たのしかったよ。
- ・わすれないよ。

> 思い出をふりかえって、今の自分の気もちをつたえよう！

1 まちの「すてき」たんけんをしよう
2 やさいをそだてよう
3 生きものとなかよし
4 つくってあそぼう
5 幼稚園の友達と仲よくしよう
6 図書館に出かけよう
7 こんなに大きくなったよ

3 生き物に手紙を書く 生き物からの返事を書く

生き物に向けて、これまでの思い出や感謝の気持ちを手紙に書く。手紙を書き終わった後は、生き物になりきって、その返事の手紙を書く。手紙を書くことを通して、生き物と対話しながら対象と自分との関わりを深く見つめ、生き物への愛着を深めたい。

期待する子供の反応

これまでの活動を振り返りながら、生き物に向けて手紙を書いたり、生き物になりきって返事を書いたりしている。

1 ［導入］
これまで一緒に過ごせて楽しかったな。お世話をがんばってよかったな。

2 ［展開］
自由にしてあげたいから自然に帰す。まだ一緒にいたいから世話を続ける。

3 ［まとめ］
「今までありがとう。おかげでお世話ができるようになったよ」→「○○さんと一緒に遊んで楽しかったよ」

本時案

生き物からの贈り物

12/12

本時の目標

これまでの活動を振り返り、飼っている生き物からもらった贈り物は何かを考え、自分自身の変容や成長に気付くことができる。

資料等の準備

・贈り物を書き出す用紙
・作文用紙

深い学びの視点からの授業改善

→板書の工夫

point 1 子供が考える贈り物は、目に見えるものや見えないものなど、様々なものが予想される。子供が生き物からもらったと感じているものは全て板書するようにしたい。そうすることで、子供は教師から認められ、自分の考えに自信をもち、子供の自己肯定感を高めることにもつながる。

point 2 子供自身が自分の変化・成長に気付けるように、構造的に板書する。生き物からもらった贈り物を子供自身の成長に関わるものと、そうでないものとに分けながら、イメージマップをかくように、広げながらまとめていく。また、それぞれの考えを線でつなげたり、似た意見を近くに書いたりするなど、子供が視覚的に分かるように板書していくことを心掛ける。

授業の流れ ▷▷▷

1 生き物からもらったと思う贈り物を考え、書き出す

導入として、絵本『わすれられないおくりもの』（スーザン・バーレイ）を読み聞かせる。そこで、贈り物とは、目に見えるものだけではないことを押さえる。そして、これまでの活動を振り返り、もらった贈り物をできるだけたくさん書き出させる。

2 それぞれが考えた贈り物を発表し、全体で共有する

生き物のことがもっと好きになりました

自分の考えた生き物からもらった贈り物を発表させる。出てきた考えは、全て板書するようにし、安心して自分の考えを発言できる雰囲気をつくる。また、子供の考えた贈り物をつなげたり、まとめたりと構造的な板書を心がける。

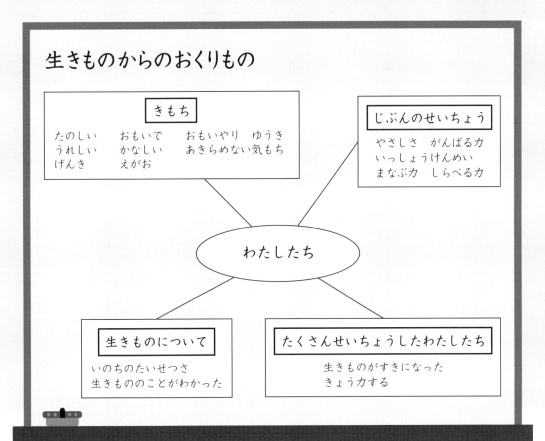

生きものからのおくりもの

きもち

たのしい	おもいで	おもいやり　ゆうき
うれしい	かなしい	あきらめない気もち
げんき	えがお	

じぶんのせいちょう

やさしさ　がんばる力
いっしょうけんめい
まなぶ力　しらべる力

わたしたち

生きものについて

いのちのたいせつさ
生きもののことがわかった

たくさんせいちょうしたわたしたち

生きものがすきになった
きょう力する

1　まちの「すてき」たんけんをしよう

2　やさいをそだてよう

3　生きものとなかよし

4　つくってあそぼう

5　幼稚園の友達と仲よくしよう

6　図書館に出かけよう

7　こんなに大きくなったよ

3　作文を書く

　黒板に書いてある、もらった贈り物の中で、子供自身の成長に関わるものに注目させるようにする。そして、生き物を飼育する前と後では、何が違うのかを考えさせ、作文に書くことで、自分自身の変容や成長に気付かせたい。

期待する子供の反応

生き物からもらった贈り物を考えることを通して、自分自身の変化・成長に気付いている。

1　[導入]
ダンゴムシから命の大切さを教えてもらったよ。

2　[展開]
ダンゴムシから思いやりの心やがんばる力をもらったよ。

3　[まとめ]
私は、ダンゴムシのおかげで、生き物が好きになり、優しくできるようになりました。

4 つくってあそぼう

15時間

【学習指導要領】内容⑹自然や物を使った遊び

1・2時	3時	4時	5・6時	7時	8・9時
第1小単元（導入）		第2小単元（展開①）			
身近にある物を使って、自分でどんなおもちゃがつくれそうか考える。		おもちゃをつくって遊び、もっとよく動くように工夫しようとする。			

第1小単元（導入）	第2小単元（展開①）
1・2．身近な物で遊ぼう 輪ゴム・磁石・ボールなど、たくさんの材料の特徴を感じながら自由に遊ぶ。 **3．動くおもちゃで遊ぼう** 前時の動力源や材料を用いて教師が制作したシンプルなおもちゃで遊んだり真似したりする。	**4．動くおもちゃの材料を集めよう** 前時までの経験を生かし、動くおもちゃの設計図をかき、必要な道具や材料を考える。 **5・6．おもちゃをつくろう** 同じおもちゃや同じ動力源のおもちゃごとにグループをつくり、おもちゃづくりをする。 **7．おもちゃをつくって気付いたことを伝え合おう** おもちゃをつくって気付いたことを話し合い、自分のおもちゃに対する認識をより深める。 **8・9．もっとうまく動くように工夫しよう** もっとうまく動くにはどうしたらよくなるかを考えて、繰り返し手直しをする。
✐身近にある物は、動きに特徴があり、いろいろな遊びに利用できることに気付いている。 ☝やってみたい遊びを思い描きながら、遊びに使う物を選んでいる。	☝予想したり確かめたりしながら、遊びに使う物をつくったり遊んだりしている。 ☺楽しく遊びたいという願いをもち、試行錯誤を繰り返しながら遊びをつくり出そうとしている。

本単元について

単元の概要と育成を目指す資質・能力

　本単元は、学習指導要領の内容⑹「自然や物を使った遊び」を基に単元を構成している。

　本単元においては、身近な生活に関わる見方・考え方を生かして学習活動を展開し、一人一人の資質・能力の育成を目指していく。それは、遊びの面白さや自然の不思議さに目を向け対象を捉え、みんなと楽しみながら遊びをつくり出そうという思いや願いをもって活動することである。

　そのために、まず輪ゴムや磁石など、動力源となる材料を使って自由に遊ぶ活動を行い、そ

の面白さに着目させる。次に教師が同じ動力源を使い制作したシンプルなおもちゃで遊び、自分でもつくってみたいという意欲付けを行い、設計図をかく。その後、おもちゃを試行錯誤しながらつくることで、身近な動力の不思議さに気付くようにしたい。さらに、友達と一緒に遊ぶことで、よりよくおもちゃを改良できると考えた。おもちゃ広場を設定するに当たっては、1年生の担任と連携し、活動を進めるようにする。

単元の目標

　身近にある物を使っておもちゃをつくる活動を通して、動くおもちゃの面白さ、遊びをつくり出す面白さ、身近にある物のもつ現象の不思議さに気付くとともに、身近にある物を使って動くおもちゃをつくり、遊んだり試したりする中で、よりよく動いたりより楽しく遊ぶための工夫をし、動くおもちゃをつくって、遊びたいという強い思いや願いをもち、遊びをつくり出すことができるようにする。

10・11時	12時	13時	14時	15時
第3小単元（展開②）	第4小単元（終末）			
つくったおもちゃの遊び方やルールを伝えながら、楽しく遊ぼうとする。	1年生を招待して、おもちゃ広場を楽しもうとする。			
10・11. 友達とおもちゃで遊ぼう 友達がつくった様々な動くおもちゃでも一緒に遊びながら、遊び方やルールも伝え合う。	**12. おもちゃの遊びを広げよう** お互いの遊びを交流しながら、それらを集めて楽しむ場や機会について話し合う。 **13. おもちゃ広場の準備をしよう** 招待する相手の立場を考えながら準備をする。 **14. おもちゃ広場に招待しよう** 相手の立場を考えて、分かりやすく遊び方を説明したり、一緒に遊んだりする。 **15. 楽しかったことを振り返ろう** おもちゃ広場の楽しかったことを絵や文で表現したり、話し合ったりすることで振り返る。			
✎約束やルールが大切なことや、それらを守って遊ぶと面白いことに気付いている。 ☺友達のよさを取り入れたり自分との違いを生かしたりして、遊びをもっと楽しくしようとしている。	✎みんなで楽しく遊ぶ際、片付けや整理整頓を進んですることのよさに気付いている。 ♪遊びを工夫したり、友達と楽しく遊んだりしたことを振り返り、自分なりの方法で表現している。			

【評価規準】 ✎…知識・技能　♪…思考・判断・表現　☺…主体的に学習に取り組む態度

本単元における主体的・対話的で深い学び

　本単元においてポイントとなる思考は、見付ける・比べる・例えるなど分析的に考えること、また試す・見通す・工夫するなど創造的に考えることの2点がある。真似したりルールを改善したりしながら遊びを発展させる活動は前者であり、友達のおもちゃと比べ予測して考える活動や材料の使い方を試したり工夫したりして遊ぶ活動は後者である。これらは子供が友達と関わり合い、学習活動が活発になればなるほど発揮されることとなる。子供が友達と対話し、学習対象を自分との関わりで捉え、活動に没頭する中で豊かな気付きは生まれる。すなわち、活動と思考が一体化する中で、遊びの面白さや自然の不思議さに気付くのである。活動が活性化し、思考が進むことによって個別の気付きが関連付けられ、より気付きの質は高まる。気付きの質が高まっていくと、友達ばかりでなく、自分自身の成長に気付くことができる。また、思いや願いを実現する過程において、遊びのルールを守るなどの習慣や、生きて働く知識・技能を身に付けることができることも意識しながら学習を進めていきたい。

1 まちの「すてき」をしよう
2 やさいをそだてよう
3 生きものとなかよし
4 つくってあそぼう
5 幼稚園の友達と仲よくしよう
6 図書館に出かけよう
7 こんなに大きくなったよ

本時案

身近な物で遊ぼう

1-2/15

本時の目標

　輪ゴム、磁石、ボールなどで自由に遊ぶことを通して、おもちゃの材料による動きの特徴やよさを感じ、気付くことができる。

資料等の準備

・動くおもちゃの動力源となる物（輪ゴム、磁石、ボールなど）
・動くおもちゃの材料となる物（紙コップ、ペットボトル、お菓子の空き箱など）
・ハサミ、のり、セロテープなど
・タブレット端末（教師用）

🔍

主体的な学びの視点からの授業改善

➡ 環境構成の工夫

〉point〉 材料との出会いの工夫

　子供がこれからの学習に興味・関心をもち、主体的に活動するためには、最初の材料との出会わせ方が肝心である。まず、材料は十分な量を用意する。普段の子供たちの様子を考え、遊び方を予測した上で量を決める。次に、出会いの演出である。例えば、ブラックボックスに入れ見えなくしておくだけでも、「これはなんだろう？」と期待に胸を高鳴らせることになるだろう。

　教師は傍観者ではなく、積極的に子供たちと関わり、共に活動する。その中で、子供たちの「やってみたい！」という気持ちを大切にしたい。

授業の流れ ▷▷▷

1 材料に出会い、思う存分に触れ合う

　動くおもちゃの動力源となる、輪ゴム、磁石、おもりとなるボールなどを十分に用意し、配置する。材料と思う存分に触れ合い、色、形、音や手触りを諸感覚で感じさせる。

2 材料に触れたり、動かしたりして自由に遊ぶ

　1で出会った輪ゴムなどを伸ばしたりくっつけたり転がしたりして、感触を確かめながら十分に遊ばせる。もっとこんな材料を使ってみたいなど、子供の思いや願いが引き出せるように、近くにお菓子の空き箱やペットボトルを用意しておく。

環境構成のイメージ

▷point
子供たちの普段の遊び方を予測し、おもちゃの材料は十分な量を用意しておく。子供たちの話合いが活発になるよう、動線を意識して環境を整える。

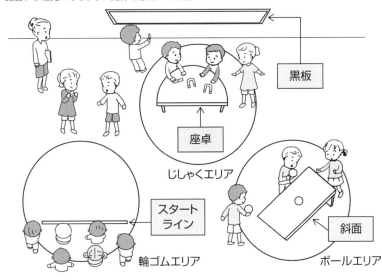

黒板

座卓

じしゃくエリア

スタートライン

輪ゴムエリア

斜面

ボールエリア

1 まちの「すてき」たんけんをしよう

2 やさいをそだてよう

3 生きものとなかよし

4 つくってあそぼう

5 幼稚園の友達と仲よくしよう

6 図書館に出かけよう

7 こんなに大きくなったよ

3 みんなの遊ぶ様子を知る

楽しそうに遊んでいる…

今度やってみたいな

よい遊び方をしている子供たちの様子をタブレット端末などで撮影しておき、学習の途中や最後の振り返りの際に全体に見せる。そうすることで、友達の遊ぶ様子を知り、学びがより深まる。

期待する子供の反応

たくさんの材料の特徴やよさを感じながら自由に遊ぶことができる。

1 [導入]
わあ！輪ゴムやボールなどがいっぱいあるよ。触って遊んでみたいな。

2 [展開]
輪ゴムって、こんなに飛ぶんだね。ボールがコロコロ転がるよ。一緒に輪ゴムの飛ばしっこをしよう。

3 [まとめ]
Aさんの遊び方、おもしろそう。今度やってみたいな。

本時案

動くおもちゃで 遊ぼう

本時の目標

前時の材料を用いて教師が制作したシンプルなおもちゃで遊ぶことを通して、おもちゃの動きに注目し、関心をもつことができる。

資料等の準備

・動くおもちゃ（輪ゴムで飛ばすおもちゃ・磁石で動くおもちゃ・ボールを使って動くおもちゃなど）
・動くおもちゃの材料（牛乳パック・ペットボトル・空き箱・紙コップ・厚紙・輪ゴム・磁石など）
・ハサミ・のり・セロテープなど

主体的な学びの視点からの授業改善

➡活動の工夫

point 1　動くおもちゃの選定の工夫

教師は、第1・2時で使った材料で、扱いやすく思いや願いが反映しやすいシンプルなおもちゃを制作し、提示する。子供たちは、この後おもちゃの動き方のめあてを自己決定し、めあてを実現するためにおもちゃ本体や動かし方を工夫し、活動していくことになる。

point 2　活動する場の工夫

教室を遊ぶおもちゃごとに分ける。その際、輪ゴム・磁石・ボールなど、使っている材料が同じおもちゃ同士が近くで遊べるように、場の設定を工夫する。そうすることで、子供がより多くの気付きを得ることができ、活動が活発になっていく。

授業の流れ ▷▷▷

1 前時の材料を用いたおもちゃを 教師が提示する

前時までの楽しかった活動を想起させた上で、教師が輪ゴムなどの材料を用いたシンプルなおもちゃを提示する。活動への期待に胸を膨らませるよう、見せ方や動かし方を工夫する。おもちゃを動かす力が実は前時まで遊んでいた材料であることにも気付かせたい。

2 シンプルなおもちゃで遊んだり、 真似してつくったりする

教室を輪ゴム・磁石・ボールを使ったおもちゃごとに分ける。子供たちは自分が興味をもったおもちゃで遊んだり、つくったりする。ハサミなどの道具の使い方・片付けの仕方については事前に指導した上で、写真などで掲示しておき、安全に活動できるようにする。

1 まちの「すてき」たんけんをしよう

2 やさいをそだてよう

3 生きものとなかよし

4 つくってあそぼう

5 幼稚園の友達と仲よくしよう

6 図書館に出かけよう

7 こんなに大きくなったよ

活動：おもちゃは、思いが反映しやすいものを選定し、提示する。

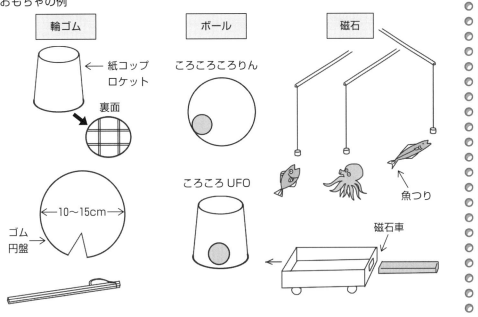

おもちゃの例

輪ゴム
← 紙コップロケット
裏面
ゴム円盤
10〜15cm

ボール
ころころころりん
ころころ UFO

磁石
魚つり
磁石車

3 遊んだりつくったりした感想を話し合う

ゴム円盤が勢いよく飛んでびっくりしました

私は何回やっても後ろに飛ぶな…

どうしてかな？

　教室の前面に集まり、遊んだり、つくったりして思ったことを発表する。楽しかったこと、困ったことなど、どんな感想でも子供たちの思いを受け止める。思うように動かない、どうしたらいいだろうという気持ちが、もっと工夫してつくってみたいという思いにつながる。

期待する子供の反応

教師が制作した見本のおもちゃで遊んだり、そのおもちゃをつくったりする。

1 [導入]
おもちゃがたくさんあるよ。面白そう。何で動いているのかな。私もつくりたいな。

↓

2 [展開]
そうだ！ゴム円盤をつくってみよう。飛んだよ！もっと遠くへ飛ばそう。

↓

3 [まとめ]
円盤のサイズを大きくしたらあまり飛ばなかったよ。どうしたらもっと飛ぶかな。またつくりたいな。

本時案

動くおもちゃの材料を集めよう

本時の目標

　動くおもちゃのイメージが湧くように簡単な設計図をかくことを通して、必要な道具や材料を考えることができる。

資料等の準備

・設計図の見本
・動くおもちゃの見本
・実物投影機
・学習カード 2-4-1 💿

対話的な学びの視点からの授業改善

➡ **活動の工夫**

🔍**point 1　学習カードの活用**

　本時で、子供は初めておもちゃの設計図をかく。ここで大切なのは、自分がつくりたいおもちゃのイメージを明確にすることである。必ずしも絵に精巧さや細かさは求めなくてよい。学習カードには、材料や動きが分かるように記述させる。

🔍**point 2　グループ活動**

　おもちゃの設計図をかく際、どうやってつくればよいのか戸惑う子供もいると考えられる。そのため、3〜4人のグループで活動し、「ここはこうしたよ」「もっとこうするといいね」など、相談し合いながら活動していく。また、お互いがどのようなおもちゃをつくっているか知ることもできる。

授業の流れ ▷▷▷

1 前時までの経験から、動くおもちゃの動力を考える

> 輪ゴムを「ぴん」と引っぱると遠くまで飛んだよ。輪ゴムの太さを変えると、飛び方が違っていたよ

　前時の活動を思い出させ、遊んだりつくったりしたおもちゃを提示しながら、どうしてそのおもちゃが動いたのかを考えさせる。これまでの経験を想起させ、そのときのゴムやボールの動きと関連付けながら、どうすればどう動くのかを話し合い、明らかにする。

2 つくりたいおもちゃの設計図をかく

> おもちゃのせっけい図　2年〇組

> 動く工夫をどういうふうにかこうかな…

　教師が制作したシンプルなおもちゃを参考に、つくりたいおもちゃを決定する。動力源ごとにグループ化し、設計図をかく。設計図には、必要な材料や動力、動くための工夫を必ず記入する。工夫しながらかけている子供の設計図を実物投影機で紹介する。

1 まちの「すてき」をたんけんをしよう

2 やさいをそだてよう

3 生きものとなかよし

4 つくってあそぼう

5 幼稚園の友達と仲よくしよう

6 図書館に出かけよう

7 こんなに大きくなったよ

活動：つくりたいおもちゃの設計図をかく

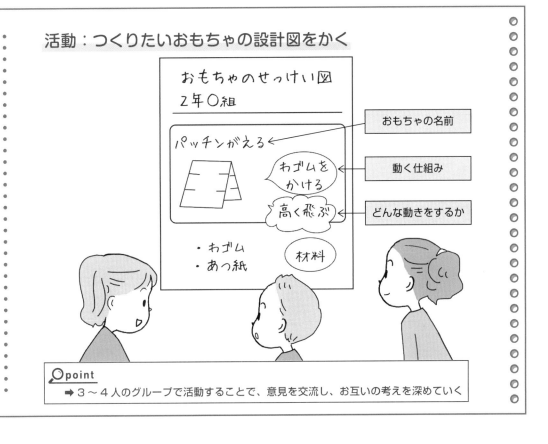

おもちゃのせっけい図
2年○組

パッチンがえる ← おもちゃの名前

わゴムをかける ← 動く仕組み

高く飛ぶ ← どんな動きをするか

・わゴム
・あつ紙

材料

🔵 point
→ 3〜4人のグループで活動することで、意見を交流し、お互いの考えを深めていく

---

3 友達同士で設計図について伝え合い、みんなに発表する

Aさんのおもりの方が速く転がりそうだね

　隣同士やグループで設計図について伝え合う。自分が考えた工夫だけでなく、友達のおもちゃの面白そうなところも認め、述べる。また、質問に答えることで、おもちゃの工夫に対する考えをより深めることができる。その後、つくりたいおもちゃをみんなに発表する。

期待する子供の反応

動くおもちゃの設計図をかき、必要な道具や材料を考える。

1 ［導入］
円盤は、輪ゴムがぴんと伸びたとき、遠くまで勢いよく飛んだよ。輪ゴムがエンジンなんだね。

2 ［展開］
輪ゴムを使って「パッチンカエル」をつくりたいな。動かすためには、輪ゴムと厚紙が必要だな。

3 ［まとめ］
Aさんの「コロコロころりん」、おもりが大きいから速く転がりそうだね。

本時案

おもちゃを
つくろう

5-6／15

本時の目標

　同じ材料のおもちゃごとにグループをつくって活動することを通して、友達と関わり合いながら、互いのよさを生かしておもちゃをつくることができる。

資料等の準備

・動くおもちゃの材料（各自）
・ハサミ・のり・セロハンテープなど
・きりなど

🔍

主体的な学びの視点からの授業改善

➡環境構成の工夫

〔point 1〕 活動の場の工夫

　より多くの気付きを共有させるために、輪ゴム・磁石・ボールなどの材料ごとに活動する。活動場所の近くには、イーゼル（キャンバス立て）などにおもちゃのつくり方を掲示し、見たいときにすぐに確認できるようにする。

〔point 2〕 道具や材料の置き方の工夫

　自分できりなどの道具や材料の準備・片付けができるように、また子供の豊かな交流が生まれるように、使う道具や材料は教室の中央に置く。道具の使い方や整頓の仕方は実物の写真なども合わせて掲示し、いつでも確認できるようにする。

授業の流れ ▷▷▷

1　設計図のおもちゃをつくるというめあてを確認する

材料もばっちり用意したからがんばろう！

自分で用意できてすごいね！

　自分が設計したおもちゃをつくるというめあてをしっかり押さえる。「いよいよ自分のおもちゃをつくることができる」という期待で胸がいっぱいの子供たちの思いを大切にする。自ら材料を用意してきた子供をほめながら、材料や道具の安全な使い方を確認する。

2　思いや願いに沿って、動くおもちゃをつくる

切り込みを入れるのが難しいな…

できたけど、あまりよく動かないな…

　意欲をより喚起するために、教師はたくさん声かけをしていく。順調に活動を進めている子供の工夫や努力を認める。困っている子供には、提示用のおもちゃを一緒に確認したり、似たおもちゃをつくっている友達と関わるよう促したりしながら活動を進められるようにする。

1 まちの「すてき」をしよう たんけんを

2 やさいをそだてよう

3 生きものとなかよし

4 つくってあそぼう

5 幼稚園の友達と仲よくしよう

6 図書館に出かけよう

7 こんなに大きくなったよ

環境構成のイメージ

{point} ①子供たちの気付きを共有できるよう、材料ごとの活動グループをつくる。
②活動で出た気付きをより広めるため、材料置場を中心に据える。

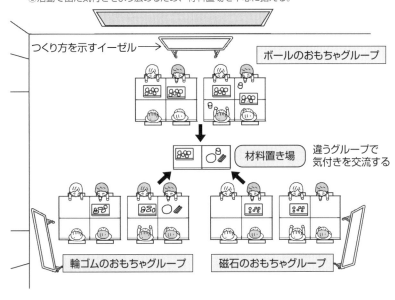

つくり方を示すイーゼル →

ボールのおもちゃグループ

材料置き場

違うグループで
気付きを交流する

輪ゴムのおもちゃグループ

磁石のおもちゃグループ

---

3 がんばってつくったおもちゃを発表する

紙コップロケットが完成
してうれしかったです。
切り込みの数を変えると
飛び方が変わりました

つくったおもちゃを動かしながら全体に発表する。同じおもちゃの子供を挙手させ、動く仕組みや工夫を共有させる。結果だけを求めるのではなく、うまく動かなかったところやもっとこうしたいと思ったところも引き出したい。その思いを次時につなげていく。

期待する子供の反応

友達と関わり合いながら、おもちゃをつくっている。

1 [導入]

いよいよおもちゃをつくれるぞ。材料も持ってきたし、準備はばっちりだ。

↓

2 [展開]

ゴムロケットができたよ。飛ばしてみよう。もっと高く飛ばしたいな。

↓

3 [まとめ]

輪ゴムの掛け方や本数を変えると高く飛んだよ。だけど今度はもっと高く飛ぶようにしたいな。

本時案

おもちゃをつくって気付いたことを伝え合おう

7 / 15

本時の目標

学習活動で得られた気付きについて話し合うことを通して、自分のおもちゃの特徴や改善点を明らかにすることができる。

資料等の準備

・おもちゃの写真

授業の流れ ▷▷▷

1　おもちゃについて気付いたことを話し合う

これまでのおもちゃづくりで気付いたことを話し合い、次からのおもちゃの改良に生かすというめあてを押さえる。前時までに書いた記録などを見ながら思い出し、必要に応じてメモをする。同じ材料のおもちゃをつくっている子供同士など、小グループで話し合う。

2　全体で話し合い、たくさんの気付きを発表する

小グループで出し合った意見を基に、全体で話し合う。黒板に掲示してある写真などを見ながら思い出し、1つでも多くの気付きが出るようにする。友達の気付きからまた新しい気付きが生まれる。たくさん気付きを発表しようとしている子供をほめ、価値付けたい。

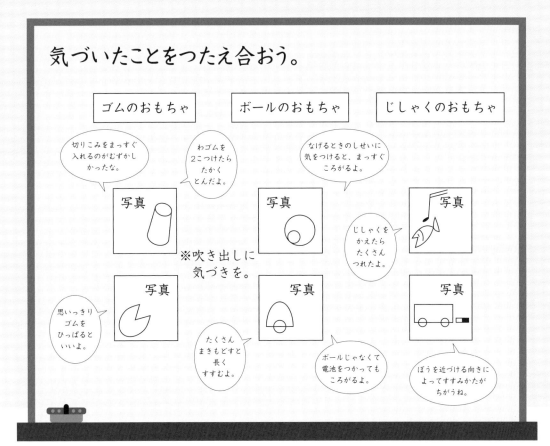

3 おもちゃに対する認識を深め、次時のめあてを考える

Bさんの工夫がよかったな。僕も速く飛ばしたいから、真似してみよう

　友達の発表をヒントに、自分がつくったおもちゃばかりでなく、他のおもちゃに関する気付きも発表する。話合いが深まると、「こうすれば、こうなる」という動きと動かし方の関係の決まりが見えてくる。自分の想いや願いから、次時のめあてを具体的に考える。

期待する子供の反応

話合いを通しておもちゃに対する認識を深め、次時のめあてを考える。

1 [導入]
おもちゃをつくって遊んだとき、輪ゴムの種類を変えると遠くまで飛んだよ。

2 [展開]
Aさんは輪ゴムの本数を変えたんだね。Bさんは思いっきり輪ゴムを引っ張ったんだね。

3 [まとめ]
Aさんのやり方を参考にすると、もっと遠く飛ぶかも。次の時間にやってみよう。

1 まちの「すてき」たんけんをしよう

2 やさいをそだてよう

3 生きものとなかよし

4 つくってあそぼう

5 幼稚園の友達と仲よくしよう

6 図書館に出かけよう

7 こんなに大きくなったよ

本時案

もっとうまく動くように工夫しよう

本時の目標

　繰り返し試しながらおもちゃを改良することを通して、動きのイメージを実現するためのつくり方の工夫を考えることができる。

資料等の準備

・動くおもちゃの材料（動力になる物を中心に）
・きり・セロハンテープなど
・タブレット端末（教師用）
・実物投影機
・学習カード 2-4-2 💿

主体的な学びの視点からの授業改善

➡活動の工夫

🔍 **point 1　学習カードの工夫**

　今までかいたおもちゃの設計図に付け足すような形で、改良箇所がひと目で分かるように学習カードを工夫する。板目表紙の左側に設計図を貼り、付箋紙などで改良点を継ぎ足していく。右側は試したり工夫したりした足跡と気付きを文章で記述する。こうして積み重ねていくことで、世界で1冊のおもちゃ図鑑ができ上がっていく。

🔍 **point 2　活動の場の設定の工夫**

　めあてが具体的になるように、数値などを記入した目盛りを付けた場を設定しておく。するとめあてが達成できたかどうかがはっきり分かるので、子供たちが自分のめあてを達成するために本気で考えることにつながる。

授業の流れ ▷▷▷

1 もっとよく動くよう、おもちゃを工夫することを知る

紙コップロケットを天井まで飛ばしたいので、ゴムの数を変えてみます

　前時までにつくったおもちゃを試したり動かしたりしながら改良していくことを押さえる。もっとどのように動かしたいか、自分の思いや願いを基に本時のめあてを決定する。誰がどのような活動をするのかを確認するために、全体の前でめあてを紹介し合う。

2 試行錯誤しながらおもちゃを改良する

ゴムはつけすぎない方がいいのかな？

　設定された場で試したり、遊んだりしながらおもちゃを改良していく。教師は、思いや願いの通りに動くということを視点に、声かけをしたり子供のつぶやきを拾い上げたりする。話合いを活発にするために、おもちゃの動く様子をタブレット端末で撮っておく。

活動：工夫したところの積み重ねが分かるように学習カードに記入する

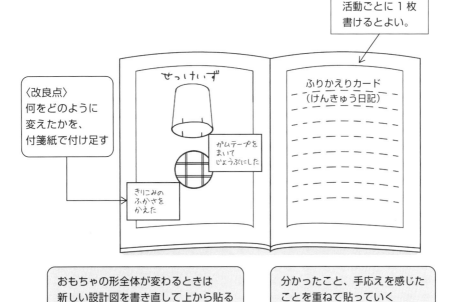

活動ごとに1枚書けるとよい。

〈改良点〉
何をどのように変えたかを、付箋紙で付け足す

せっけいず

ガムテープをまいてじょうぶにした

きりこみのふかさをかえた

ふりかえりカード
（けんきゅう日記）

おもちゃの形全体が変わるときは新しい設計図を書き直して上から貼る

分かったこと、手応えを感じたことを重ねて貼っていく

3 工夫したところとその結果を映像を見ながら話し合う

切り込みを深くすると高く飛びました

　「友達からのアドバイスを生かしたらよく動いた」というように、友達と関わり合いながら活動するよさに気付かせたい。共に活動する中で的当てをつくったり、長さを測って競争したり、遊び方を工夫したりする子供たちがいたらそれを認め、次時以降の活動につなげる。

期待する子供の反応

どうしたらもっと自分の思いや願いの通りにおもちゃが動くのかを考え、繰り返し試しながら工夫している。

1 ［導入］
私のコロコロ車、もっと長く進むようにしたいな。おもりを変えてみよう。

2 ［展開］
おもりを変えただけだとあまり遠くまで進まないな。本体の材料を変えよう。

3 ［まとめ］
Aさんのアドバイスを聞いたら、もっと長く進むようになったよ。

1 まちの「すてき」たんけんをしよう

2 やさいをそだてよう

3 生きものとなかよし

4 つくってあそぼう

5 幼稚園の友達と仲よくしよう

6 図書館に出かけよう

7 こんなに大きくなったよ

本時案

友達とおもちゃで遊ぼう

本時の目標

友達がつくった様々なおもちゃで一緒に遊ぶことを通して、おもちゃの動きの面白さに気付くことができる。

資料等の準備

・動くおもちゃの材料（動力になる物を中心に・改良用）
・きり・セロハンテープ、マーカーなどの道具
・画用紙、模造紙、ビニールテープなど
・タブレット端末（教師用）
・実物投影機

深い学びの視点からの授業改善

➡活動の工夫

⚲ point 1　教師の声かけの工夫

教師の声かけには、子供の意欲を喚起したり気付きを引き出したり価値付けたりと、たくさんの大切な役割がある。ここでは今までの気付きに立ち戻らせ、子供たちの思考を深めたい。具体的には、「自分のおもちゃの動きを生かした遊び方は何かな」「どんな工夫をするともっと面白くなるかな」など、子供たちの中で知識（気付き）と場面（環境）がつながるようにする。

⚲ point 2　前時までの振り返りの工夫

おもちゃを完成した子供の中には、的当てをつくる、すもう形式にするなど、遊び方やルールを工夫し始めている子供もいるだろう。知識と場面をつなげるために、その様子を写真で撮って紹介し、考えを共有する。子供のイメージが遊びを発展させるだろう。

授業の流れ ▷▷▷

1	友達と一緒に、遊び方やルールを考えて遊ぶことを知る

遊び方を工夫すると、もっと楽しくなりますよ

友達と一緒に遊ぶ際、的をつくるなどルールを考えて遊んでいた友達の活動を紹介する。おもちゃ自体だけでなく、遊ぶ環境やルールを自分たちで工夫すると、より楽しく遊べそうだという期待をもたせ、本時の自分のめあてを設定する。

2	遊び方やルールを伝え合いながら遊ぶ

交換して遊ぼう！

自分のおもちゃの動きに適した場所を選び活動する。場所は自由に行き来してもよい。自分のおもちゃと友達のおもちゃを交換して遊んでもよい。その際、これまで工夫してきた友達の思いを考え、大切に扱うことを約束する。

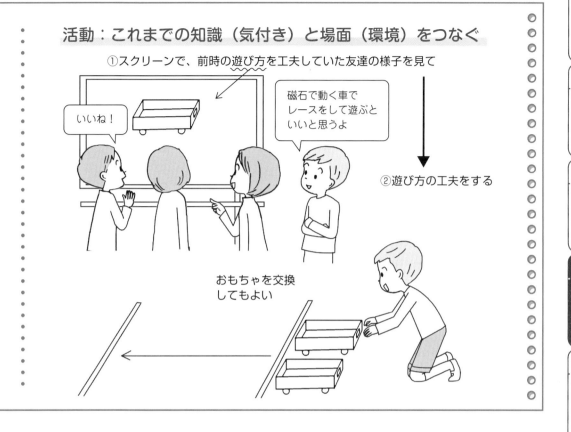

活動：これまでの知識（気付き）と場面（環境）をつなぐ

①スクリーンで、前時の遊び方を工夫していた友達の様子を見て

いいね！

磁石で動く車で
レースをして遊ぶと
いいと思うよ

②遊び方の工夫をする

おもちゃを交換
してもよい

3 楽しく遊ぶことを話し合う

もっとたくさんの人
と遊んでみたいな

1年生とも一緒に
遊びたいね

　「こう遊ぶと楽しいよ」「こんな工夫をしたよ」など、遊び方を全体で紹介し合う。おもちゃを交換したり場を変えたりして遊ぶと楽しく遊べたという経験から、今度は1年生と遊びたい、誰かを招待したいという思いを引き出したい。

期待する子供の反応

遊びの条件の工夫をすることで、おもちゃで遊ぶ面白さに気付いている。

1 ［導入］

遊ぶのが楽しみだな。レース場をつくって、競争できるようにしたら楽しそう。

2 ［展開］

おもりで動く車は、ゴールまでの時間を測ると競争できるね。○秒だったよ。

3 ［まとめ］

交換して遊ぶととっても楽しかったよ。でももっと楽しみたいな。

1 まちの「すてき」たんけんをしよう
2 やさいをそだてよう
3 生きものとなかよし
4 つくってあそぼう
5 幼稚園の友達と仲よくしよう
6 図書館に出かけよう
7 こんなに大きくなったよ

本時案

おもちゃの遊びを広げよう

本時の目標

　遊び方やルールの改善を交流することを通して、みんなでおもちゃを楽しむ場づくりや方法について考えることができる。

資料等の準備

・前時の授業の映像（振り返り用）
・模造紙（場の設定地図用）
・学習カード 2-4-3 💿

➡板書の工夫（考えの視覚化）

point 1 視覚的な板書の活用

　お互いの意見の共通点や相違点を全員で確認できるよう、視覚的な板書を心がけたい。まず、おもちゃ広場の部屋のレイアウトや個別のおもちゃごとのレイアウトを考え、そこに吹き出しを使いアイデアを書き込んでいく。その際ウェビングマップを活用してもよい。思考が拡散し、幅広い考え方が生まれるので有効である。

point 2 学習カードの工夫

　班での話合いや板書にクラスの考えをまとめる前に、学習カードに自分の考えを整理する。その際、板書と同じ要素にすると、話合いまで思考が滑らかにつながる。

授業の流れ ▷▷▷

1　1年生を招待するための計画を立てる

　前時の活動を振り返り、どのように場やルールを工夫したら楽しかったかを思い出させる。そして、今度一緒に遊びたい人は誰かを考える。普段から交流している1年生を招待し、一緒に楽しみたいという思いをもち、おもちゃ広場を開くことを知る。

2　自分の考えを整理した上で、グループで話し合う

　招待したときの場やルール、その他どのように工夫すれば相手も自分たちも楽しめるのかを考える。まず、これまでの発言や気付きを整理した板書を基に、学習カードに自分の考えを記述する。その後、班の友達と考えを伝え合い、班としての意見をまとめる。

おもちゃ広場の計画を立てよう。（レイアウト）

入口

出口

まとあての
まとを
つくる。

コロコロ
コロリンで
レースが
できるように。

きょうそう
が
できる
レース場。

意見を
吹き出しで書く。

高さの
めもりは
ここ。

1 まちの「すてき」たんけんをしよう

2 やさいをそだてよう

3 生きものとなかよし

4 つくってあそぼう

5 幼稚園の友達と仲よくしよう

6 図書館に出かけよう

7 こんなに大きくなったよ

3 学級の考えを話し合い、まとめる

お店のグループが決まりました。これから準備をがんばります！

　各班の考えを板書し、意見の共通点や相違点をみんなで確認する。話合いの内容に応じて、場の設定など、クラス全体で相談しながら会の内容を具体的に決めていく。おもちゃ広場でのお店のグループも相談して決め、次時からの活動につなげたい。

期待する子供の反応

気付きを交流することを通して、おもちゃをみんなで楽しむ場や機会について話す。

1 ［導入］
遊び方を工夫したら、楽しかったよ。1年生を招待して、おもちゃ広場を開こう。

2 ［展開］
みんなが楽しめるおもちゃ広場にするには、どうしたらいいかな。

3 ［まとめ］
Aさんたちの案がいいね。グループも決まったし、次の準備をがんばろう。

本時案

おもちゃ広場の準備をしよう

本時の目標

招待した相手が楽しく遊べるために必要なことを考え、自分のアイデアを生かして準備をすることができる。

資料等の準備

・厚紙、画用紙、色紙など
・ダンボール
・マジックペン
・スズランテープなど、お店に適宜必要な物
・磁石、輪ゴムなどおもちゃづくりに必要な物
・タブレット端末（教師用）

【主体的な学びの視点からの授業改善】

➡環境構成の工夫

〔point 1〕 **活動場所**

活動場所は、お店の規模や種類、子供や招待客の人数などを考慮して決める。お店同士の間隔は余裕をもって空けておく。子供の机や長机、座卓、ロイター板、ござなども使い、年少者でも遊びやすい環境にする。多少壊れてしまっても応急処置ができるように道具箱も用意しておくとよい。

〔point 2〕 **ユニバーサルデザインの視点**

どのようなお店があるのか分かるよう、壁やホワイトボードを利用して会場図を貼っておく。活動の流れも掲示し、目印を付けることで、今何をしている時間かが1年生（年少者）でも分かるようにする。お店の入れ替えや集合時に音楽を流すとよい。

授業の流れ ▷▷▷

1 1年生と遊ぶ方法を考え、準備することを知る

招待した1年生が楽しめるように、遊び方や遊び場の設定、ルールを考えることを押さえる。お店を開くにはどんな準備をすればよいのかをこれまでの経験などを基に考え、いつでも確認できるように掲示しておく。

2 おもちゃ広場に向けての準備を行う

招待した人の分のおもちゃの数を増やしたり、年少者の立場に立ったルールを考えたりしているグループを称賛する。ある程度準備ができたグループ同士で招待し合い、よい点はほめ合い、あと一歩の所はアドバイスする。意見を生かし、本番に向けて改善していく。

環境構成のイメージ

▷ point ◁
招待する年少者の立場を考えた環境を共につくり上げることで、子供たちが主体的に活動できるようになる。

活動の流れ
簡 後 集合

※今日のめあて などを掲示する

お店のマップ

今、何をしている 時間なのかを示す

机で仕切る

壁も利用する

---

1 まちの「すてき」をしたんけんをしよう

2 やさいをそだてよう

3 生きものとなかよし

4 つくってあそぼう

5 幼稚園の友達と仲よくしよう

6 図書館に出かけよう

7 こんなに大きくなったよ

---

3 準備の進み具合を確かめる

1年生でも簡単につくれるように、材料に切り込みをたくさん入れて用意しました

　準備の時間は限られているため、それぞれどんな準備が進められているかが分かるように、教師はタブレット端末で各グループの写真を撮っておく。写真をスクリーンに映し出し、他のグループのよい工夫を取り入れるなど、準備の励みになるようにしたい。

期待する子供の反応

招待した相手が楽しく遊べるように、進んで話し合い、準備をしている。

1 [導入]
招待したみんなが楽しめるおもちゃ広場にするぞ！

↓

2 [展開]
小さい子たちはあまり飛ばせないから、スタートラインを的により近付けたらどうかな。

↓

3 [まとめ]
へぇ、パッチンカエルグループは、どこまで飛んだか分かりやすくめもりをつくったんだ。いい工夫だね。

本時案

おもちゃ広場に招待しよう

本時の目標

　おもちゃ広場を開くことを通して、招待した相手に応じて、分かりやすく遊び方を説明したり、一緒に楽しく遊んだりすることができる。

資料等の準備

・スタンプラリーカード
・おもちゃの修繕材料

主体的な学びの視点からの授業改善

➡活動の工夫

○ point 1　スタンプラリー

　招待した1年生がおもちゃ広場を楽しく回れるよう、スタンプラリーのカードを1人1枚用意する。当日は、おもちゃのコーナーを1つ回るごとにスタンプを押し、自分がどこを回ったのかがひと目で分かるようにする。お客さんである1年生は楽しく、たくさんの種類が回れるようになる。

○ point 2　楽しかったよボード

　「びっくり」「なるほど」「面白い」「やってみたい」などのボードを各コーナーにつくっておく。1年生が各コーナーを回ったとき、自分の感想に近い欄にシールを貼る。1年生の反応が2年生の励みになる。

授業の流れ ▷▷▷

1　おもちゃ広場の流れを確認し、自分のめあてをつかむ

　1時間の活動の流れや、お店の場所を掲示し、自分で確認できるようにしておく。お客さんである1年生の立場を考えて行動するよう声をかける。お店を開くのに必要な物が揃っているか、安全面は大丈夫か、自分たちで確認させたい。

2　店番とお客に分かれて、おもちゃ広場を楽しむ

　店番のときは、つくり方や遊び方をお客さんに分かりやすく伝える。その後、一緒に活動するなどして、おもちゃで遊ぶ楽しさを全員で共有できるようにする。教師は全てのお店を見ながら、困っている子供がいたら他の子供に声をかけて、助け合えるように支援する。

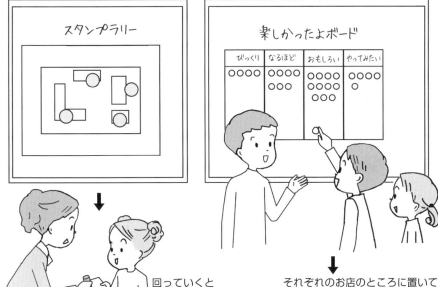

活動：おもちゃ広場を全員で楽しむための工夫をする

スタンプラリー

スタンプラリー

回っていくと
スタンプがもらえる

楽しかったよボード

楽しかったよボード

びっくり	なるほど	おもしろい	やってみたい

それぞれのお店のところに置いて
おき、シールを貼ってもらう

3 おもちゃ広場で楽しかったことなど
を発表し合う

優しく教えてくれて
ありがとう

みんながんばって
いたよ

おもちゃ広場で楽しかったことを話し合う。
2年生だけでなく、1年生も感想を素直に言
えるような温かい雰囲気づくりを心がける。関
わり合いながらおもちゃで遊ぶ楽しさや喜びな
どを引き出し、丸ごと認めたい。片付けは自分
たちで協力し、最後まで行う。

期待する子供の反応

**招待した相手の立場に立ちながら、自
分の行動を考え、一緒に楽しく遊ぶ。**

1 ［導入］
いよいよおもちゃ広場の日だ。招待し
た子が楽しめるように、まずはどこに
行きたいか聞いてみよう。

2 ［展開］
つくり方を1年生にも分かるように説
明しよう。上手だね。完成したら一緒
に競争してみようよ！

3 ［まとめ］
1年生のAさんが楽しかったって言っ
てくれて、うれしいな。

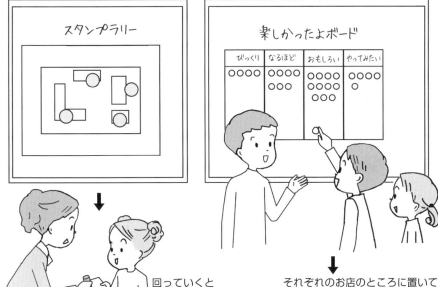

1 まちの「すてき」たんけんをしよう

2 やさいをそだてよう

3 生きものとなかよし

4 つくってあそぼう

5 幼稚園の友達と仲よくしよう

6 図書館に出かけよう

7 こんなに大きくなったよ

本時案

楽しかったこと を振り返ろう

本時の目標

　おもちゃ広場での楽しかったことを話し合ったり、絵や文などで表現したりすることを通して、友達や自分自身の成長に気付くことができる。

資料等の準備

・今までの掲示物
・今までの活動を記録した写真や映像など
・学習カード 2-4-4 💿

深い学びの視点からの授業改善

➡板書の工夫

point　板書の構造化

　材料との出会いからおもちゃ広場を開くまで、これまでの気付きを振り返る。子供が本単元で得た気付きを関連付けるために、板書は観点別に整理して書く。観点は子供たちの思考の流れに沿って決めてもよいが、活動の写真をもとに時系列に沿って書くと、気付きがよりつながるだろう。

　単元の締めくくりでもあるので、友達や自分自身の成長に目を向けさせたい。おもちゃとその遊び方の進化と共に、自分だけでなく他の友達みんなの成長が感じられるような板書を心がけたい。気付きの他に充実感、達成感、一体感、自己有用感など、学びの手応えも書いて整理すると、自他の成長を実感しやすくなる。

授業の流れ ▷▷▷

1　これまでの活動を振り返るという 本時のめあてをつかむ

> おもちゃを工夫しました。飛ぶようになってうれしかったです

　材料との出会いからおもちゃ広場を開くまでの活動を振り返ることを確認する。これまで記録してきた自分のおもちゃ図鑑を読みながら、おもちゃづくりや遊び方で工夫したこと、それに伴って変化していった自分の思いを想起させ、豊かな発言につなげたい。

2　おもちゃ図鑑を基に、活動で気付 いたことを話し合う

> 道具を上手に使えるようになったよ

　全体で気付きを共有できるように、子供の発言の後「Aさんの発言と似ている意見の人はいますか？」と他の子供に投げかけ、話合いが深まるようにする。板書により、おもちゃづくりの工夫、遊び方の工夫など、いくつかの視点に目を向けさせていく。

1 まちの「すてき」たんけんをしよう

2 やさいをそだてよう

3 生きものとなかよし

4 つくってあそぼう

5 幼稚園の友達と仲よくしよう

6 図書館に出かけよう

7 こんなに大きくなったよ

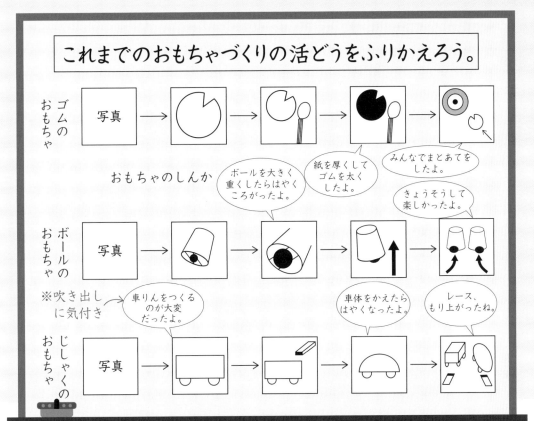

これまでのおもちゃづくりの活どうをふりかえろう。

ゴムのおもちゃ　写真

おもちゃのしんか

ボールを大きく重くしたらはやくころがったよ。

紙を厚くしてゴムを太くしたよ。

みんなでまとあてをしたよ。

ボールのおもちゃ　写真

きょうそうして楽しかったよ。

※吹き出しに気付き

車りんをつくるのが大変だったよ。

車体をかえたらはやくなったよ。

レース、もり上がったね。

じしゃくのおもちゃ　写真

3 がんばったことや楽しかったことを絵や文で表しまとめる

一番うれしかったことは、Aさんの円盤が「7m」も飛んだことです

　学習活動を十分に思い出させた後、単元を通しての気付きを絵や文で学習カードに記述する。おもちゃの進化や遊び方の発展に伴い、自分だけでなく友達も成長したことに気付き、それを喜ぶ気持ちを心から認め合いたい。

期待する子供の反応

話し合ったり、表現したりすることを通して、友達や自分自身の成長に気付いている。

1 ［導入］
材料を用意して、おもちゃをつくったね。ルールをつくって遊んだね。

↓

2 ［展開］
おもちゃ広場のとき、ルールを決めて遊んだのが楽しかったし、招待した子たちが喜んでくれてうれしかったな。

↓

3 ［まとめ］
面白いおもちゃもつくれたし、楽しく遊べたし、自分もみんなもすごいな。

5 幼稚園の友達と仲よくしよう

（15時間）

【学習指導要領】 内容(8)生活や出来事の伝え合い／内容(6)自然や物を使った遊び

1時	2時	3時	4・5時	6時	7時
第1小単元（導入）			第2小単元（展開①）		
自分たちで楽しんだおもちゃづくりを振り返り、今後の活動について考えようとする。			幼稚園児と交流することを通して、仲よくなるとともに、相手意識をより明確にしようとする。		
1．おもちゃづくりを振り返ろう 自分たちでつくったおもちゃを、これからどうしていきたいか考える。 **2・3．仲よし計画を立てよう①②** 今後どのように関わっていくか簡単な計画を立てるとともに、園児と関わる上での安全面やマナーについて確認する。 🖊幼稚園児のことを想像したり、伝えたいことや伝え方を選んだりして計画を立てている。 ☺おもちゃづくりを通して、幼稚園児と関わったり触れ合ったりしようとしている。			**4・5．園の友達と遊ぼう（交流①）** ペアで遊んだり、グループで遊んだり、全体で遊んだりして仲よくなる。 **6．仲よくなれたかな〜園の友達と遊ぼう〜** 遊んでみて、感じたことや分かったことを話し合う。 **7．園の友達に合わせておもちゃ広場を変身させよう** 6時間目の学びを生かし、相手意識を明確にもったおもちゃの改善を図る。 🖊話したり書いたりする言葉の方法以外にも、絵や身体表現など、相手や目的に応じた伝え方があることに気付いている。 ☺双方向のやり取りができることに手応えを感じ、さらに幼稚園児と仲よしになろうとしている。		

本単元について

単元の概要と育成を目指す資質・能力

本単元では、学習指導要領の内容(8)「生活や出来事の伝え合い」、内容(6)「自然や物を使った遊び」を基に単元を構想し、内容構成の具体的な視点としては、「イ　身近な人々との接し方」「カ　情報と交流」「ケ　遊びの工夫」を位置付けて単元を構成している。

本単元においては、身近な生活に関わる見方・考え方を生かして学習活動を展開し、一人一人の資質・能力の育成を目指していく。それは、身近な幼稚園や園児に目を向け対象を捉え、「自分たちがつくったおもちゃで楽しく遊

んでもらおう」「もっと仲よくなりたい」という思いや願いをもって活動することである。

そのために、本単元では、身近な幼稚園と関わる活動を、3回計画している。繰り返し関わることを通して、園児のことを想像したり、伝えたいことを選んだりするようになる姿が期待できる。また、園児と仲よくなることができた自分たちを捉え直すことで、新たな友達と関わることのよさや楽しさに気付くとともに、これからも交流することを楽しみにするような、安定的な態度の育成を目指したい。

1 まちの「すてき」をしよう たんけんを

2 やさいをそだてよう

3 なかよしと 生きものと

4 あそぼう つくって

5 幼稚園の 友達と 仲よくしよう

6 出かけよう 図書館に

7 大きくなったよ こんなに

単元の目標

　幼稚園の友達と仲よくなろうと繰り返し一緒に遊んだり、自分たちがつくった「おもちゃ」について伝え合ったりする活動を通して、幼稚園児のことを想像したり伝えたいことや伝え方を選んだりすることができ、新しい友達と関わることのよさや楽しさが分かるとともに、進んで触れ合い交流することができるようにする。

8・9時	10時	11・12時	13・14時	15時
第3小単元（展開②）			第4小単元（終末）	
小学校に招待し、おもちゃで遊んでもらうことを通して、感じたことなどを表現し伝え合おうとする。			再度小学校に招待し、一緒に遊ぶことを通して、人と関わるよさや楽しさを実感しようとする。	
8・9.　おもちゃ広場に招待しよう（交流②） 自分たちがつくったおもちゃ広場で一緒に遊ぶ。 **10.　仲よくなれたかな～おもちゃ広場～** 遊んで感じたことや分かったことを話し合う。 **11・12.　もっと仲よくなるための計画を立てよう** 園児の活動の様子を想起したり、関わり方について考えたりしながら交流の準備をする。			**13・14.　もっと仲よくなろう（交流③）** 関わり方を意識して、自分たちが考えた遊びで一緒に遊ぶ。 **15.　幼稚園の友達と仲よくなれたかな** 遊んでみて、感じたことや分かったことを前回と比べながら話し合う。	
✐幼稚園児にも伝えたいことがあることや、お互いの違いを認めて理解し合うことの大切さに気付いている。 ♪何をどのような方法で伝えると互いに理解し合えるかについて考えている。			✐互いのことを理解し、関わっていくことで豊かなやり取りができることに気付いている。 ☺身近な人々と触れ合い、交流しようとしている。	

【評価規準】 ✐…知識・技能　♪…思考・判断・表現　☺…主体的に学習に取り組む態度

本単元における主体的・対話的で深い学び

　本単元の前提として、内容⑹を中心とした「おもちゃづくり」をどっぷりと楽しんでいることが重要になる。一人一人が自分のおもちゃづくりに対して満足している状況が、本学習計画（とりわけ第1小単元）の実施において不可欠なことに留意しておく。

　第2・3・4小単元では、3回、園児との交流が計画されている。また、同じ数の振り返りの時間も計画されている。これらの時間においては、①相手のことを想像すること、②伝えたいことや伝え方を選ぶことを大切に学習を展開していきたい。そうした中で、おもちゃへの追究から、心が通い合うことへの追究へと目的が変容していくことを期待したい。そのためには、教師が子供のよい接し方を撮影したり、園の先生からの感想を手紙に書いてもらったりするなどの「関わり方」へ目を向けるための手立ても重要なものとなってくる。

　第4小単元では、単元全体を振り返り、交流を繰り返すことを通した、自分たちの関わり方の変化や交流することの楽しさやよさを実感できるようにしていきたい。

本時案

おもちゃづくり を振り返ろう

本時の目標

　一人一人のおもちゃづくりを振り返ることを通して、幼稚園の友達の存在に気付き、招待しようとする意欲をもつことができる。

資料等の準備

・一人一人がつくったおもちゃ
・おもちゃの制作過程をまとめた掲示物
・これまで書き溜めた学習カード

> **対話的な学び**の視点からの授業改善
> **➡環境構成の工夫**
>
> 〔point 1〕 これまでの学びや成長を振り返ることができるように、手元にあるこれまで書き溜めた学習カードや掲示物などを生かして発言できるようにする。また、必要に応じておもちゃがある場所に行って、見せながら話すことも認めていく。
>
> 〔point 2〕 教室後方におもちゃをある程度まとめて置いておくことで、テーマパークのように見えるようにしておく。「これからどうしていきたいか」を考える際に、全員で後ろを振り返り、「おもちゃ広場」「おもちゃ遊園地」などの言葉が子供から出るように促していきたい。

授業の流れ ▷▷▷

1 実物や掲示物を見ながら、おもちゃづくりを振り返る

　ここでは試行錯誤を繰り返すことのよさや、遊びをつくり出すことの面白さを押さえていきたい（内容⑹に迫っていく）。その際、これまでの活動を記録した学習カードや掲示物を効果的に活用していくとよい。実物をもって話すことも認めていきたい。

2 これからどうしていきたいか、考える

　「みんなで後ろを見てみようか」と投げかけ、自分たちがつくってきたおもちゃが並んでいる環境を視覚的に捉えられるようにする。俯瞰して見ることで、「遊園地みたい」「テーマパークみたい」などの言葉が子供たちから出ることを期待したい。

環境構成のイメージ

おもちゃを教室後方にまとめて展示する

{ point }

これまでの学びを振り返り、さらに次の学びに広げていくような環境をつくる

楽しかったよボード

びっくり	なるほど	おもしろい	やってみたい
○○○○	○○○○	○○○○	○○○○
	○○○	○○○○	
		○○○	

スタンプラリー

1 まちの「すてき」たんけんをしよう

2 やさいをそだてよう

3 生きものとなかよし

4 つくってあそぼう

5 幼稚園の友達と仲よくしよう

6 図書館に出かけよう

7 こんなに大きくなったよ

3 誰を招待するか考える

誰に見てほしい？

幼稚園の子たちに見てほしいな…

1年生の頃に幼稚園の友達と関わった学習や2年生のまち探検を想起するなどして、幼稚園の友達に目が向くようにしていく。手づくりのおもちゃを楽しんでくれそうな人を考えたり、楽しんでもらいたい人を考えたりすることも考えられる。

期待する子供の反応

幼稚園の友達を、おもちゃランドに招待しようと意欲をもつ。

1 [導入]
たくさん工夫して、楽しいおもちゃがつくれたな。

↓

2 [展開]
みんなのおもちゃが集まると遊園地みたいだから、お客さんを招待したいな。

↓

3 [まとめ]
幼稚園の子たちを招待して、僕たちの「おもちゃ広場」で遊んでもらおう。

本時案

仲よし計画を立てよう①

本時の目標

おもちゃ広場を楽しんでもらうためにはどうしたらよいか考える活動を通して、自分たちが幼稚園児と仲よしになることが大切なことに気付くとともに、そのための計画を考えることができる。

資料等の準備

・幼稚園の先生からの手紙
・学習カード 2-5-1 💿

対話的な学びの視点からの授業改善

➡活動の工夫

🔍**point 1** 幼稚園の先生には、あらかじめ担任が連絡し、手紙の依頼をしておく。幼稚園の先生からの手紙に出会うことで、「おもちゃ広場に招待したい」という自分たちの一方的な思いから、園児の姿を想定して立ち止まって考える場をつくっていく。

🔍**point 2** 手紙にある「いい ほうほう」について考え、計画を立てていく。この際、無理に計画通り「もっと仲よくなろう（交流③）」を位置付ける必要はない。2回目の交流を踏まえて、3回目を行うかどうかの判断を子供が行うべきだからである。

授業の流れ ▷▷▷

1 楽しんでもらえる方法を話し合い、幼稚園の先生の手紙を示す

幼稚園の先生から
お手紙が届いたよ！

「前の時間に『幼稚園のお友達に遊んでもらいたい』ってみんなが言っていたから、幼稚園の先生に話してみたんだ。そうしたらお手紙が来たの」と伝え、手紙を掲示する。気になった部分とその理由を発表していく中で「いい ほうほう」に目を向けていく。

2 手紙にある「いい ほうほう」について考える

小学校に来るのは緊張すると思うよ

楽しくなるような工夫をしよう

「幼稚園の子はさ、〜」と幼稚園の子供の立場に立った発言が出てきたときは称賛する。「2年生」という人に対しての緊張と、「小学校」という場所に対しての緊張を順番に解決していけるように、思考を促すことができるとよい。

活動：幼稚園の先生の手紙を基に考える

🔍 point 1

➡ 幼稚園の先生からの手紙を示す

> おもちゃひろばに、○○ようちえんを　しょうたいしようと　考えてくれて　うれしいです。ぜひ、行きたいです。
>
> でも、しんぱいなこともあります。それは、ようちえんの子どもたちが　きんちょうしてしまうことです。小学校へ行くだけで　きんちょうする子もいます。
>
> きんちょうしたままだと、せっかくたのしいおもちゃでも　たのしめなくなってしまいます。
>
> なにか　いい　ほうほうは　ありませんか。

🔍 point 2

➡ 「いい　ほうほう」を考える

ようちえんで　いっしょにあそぶ
（交流①）　→　なかよくなる

⇩

おもちゃランドに　しょうたい
（交流②）　→　あんしんして　あそべる

⇩

もっとなかよくなろう（交流③）

---

③ 今日の活動を振り返る

幼稚園で何をして遊ぼうかな…

　今日の活動を振り返り、考えたことや感じたことを学習カードに表現する。机間巡視をしながら「幼稚園で何をして遊ぼうか」などと個別に声かけを行うことで、次の時間のやるべきこと、決めるべきことなどにも目を向けられるようにする。

▰ 期待する子供の反応

幼稚園の友達のことを想像しながら、仲よくなるための計画を考える。

1 [導入]

楽しみだな。私のおもちゃで楽しんでくれるかな。景品もつくろうかな。

⬇

2 [展開]

仲よしになったらきっと緊張はしないはず。それから、おもちゃで遊んでもらえばいいんだ。

⬇

3 [まとめ]

幼稚園に行って何をして遊ぼう。どんなことをしたら、仲よくなるかな。

1 まちの「すてき」たんけんをしよう

2 やさいをそだてよう

3 生きものとなかよし

4 つくってあそぼう

5 幼稚園の友達と仲よくしよう

6 図書館に出かけよう

7 こんなに大きくなったよ

本時案

仲よし計画を立てよう②

本時の目標

　幼稚園で一緒に遊ぶ（交流①）内容を考える活動を通して、安全面やルールの大切さに気付くとともに、みんなが楽しめる遊びを考えることができる。

資料等の準備

・幼稚園の先生からの手紙（前時から継続）
・コーンやフラフープなど
・学習カード 2-5-2 💿

主体的な学びの視点からの授業改善

➡活動の工夫

🔍point 1　体育館などの広いスペースで遊びを考えられるようにすることで、子供たちが実際に試すことができるようにする。合わせて、コーンやフラフープなどの道具も実態に応じて用意しておくことも考えられる。その際、安全面やルールを守る大切さを確認する。

🔍point 2　入学当初に行ったスタートカリキュラムの「なかよしタイム」を想起できるようにする。『エビカニクス』や『じゃんけん列車』などの曲も流せるようにしておく。

授業の流れ ▷▷▷

1　どんな遊びを通して仲よくなるか考える

　前時に示した幼稚園の先生からの手紙をもう一度確認し、「仲よくなるための遊び（交流①）」であることを確認する。どんな遊びが考えられるか考えを出し合う。このとき、ペア遊び・グループ遊び・集団遊びなどの形態を意識して整理するとよい。

2　遊びごとにグループをつくり、試したり役割分担をしたりする

　教師も一緒に各グループの遊びを体験してみることで安全面やルールに関して確認していくようにする。また、幼稚園の子供を意識した発言や態度は積極的に価値付けていく。「仲よくなる」という目的意識を忘れないように常に声かけをする。

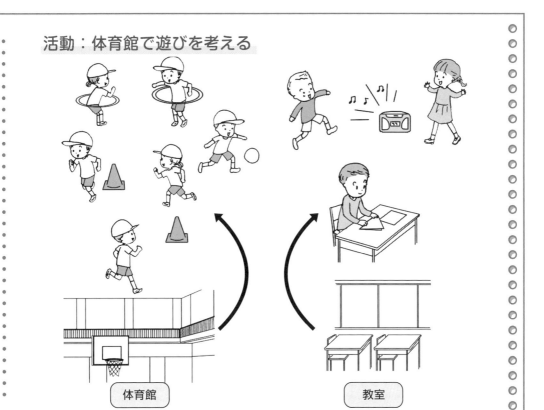

活動：体育館で遊びを考える

体育館

教室

1 まちの「すてき」たんけんをしよう

2 やさいをそだてよう

3 生きものとなかよし

4 つくってあそぼう

5 幼稚園の友達と仲よくしよう

6 図書館に出かけよう

7 こんなに大きくなったよ

3 今日の活動を振り返る

折り紙のつくり方を
教えてあげたいな

早く幼稚園に
行きたいな

　今日の活動を振り返り、考えたことや感じたことを学習カードに表現する。その際、次時に行われる幼稚園児との交流に向けた期待や希望を書き表す姿を期待したい。発表を聞き合う中で、学級全体として意欲を1つのものにしていきたい。

期待する子供の反応

**幼稚園の友達のことを想像しながら、
仲よくなるための計画を考える。**

1 ［導入］
おにごっこはどうかな。折り紙で「手裏剣」を一緒につくりたいな。

⬇

2 ［展開］
強くタッチすると転んじゃうかもしれないから優しくタッチしようよ。たくさんほめてあげたいな。

⬇

3 ［まとめ］
幼稚園に行くのが楽しみだな。早く仲よしになりたいな。

本時案

園の友達と
遊ぼう（交流①）

4-5/15

本時の目標

　幼稚園で一緒に遊ぶ（交流①）ことを通して、適切な関わり方を考え、幼稚園の友達と仲よくなることができる。

資料等の準備

・携帯電話
・横断旗
・簡易救急医療セット
・デジタルカメラ
・名札
・遊びに使う物
・学習カード 2-5-3 💿

対話的な学びの視点からの授業改善

→活動の工夫

point 1　事前に幼稚園に連絡をし、どのような遊びが行われる予定なのか、伝えておくようにする。その中で場所の決定や、準備物の確認ができるとよい。幼稚園にない準備物に関しては、小学校から持っていくことになる。外で行う場合は、雨天時の対応についても相談をしておく必要がある。

point 2　遊びを楽しむことはもちろんであるが、挨拶をしたり、名前を聞いたり、握手をしたりすることで、緊張がほぐれ、仲よくなれることを確認する。また、幼稚園児を積極的にほめることを共有する。

授業の流れ ▷▷▷

1　学級のみんなで幼稚園に出かける

　目的や持ち物、歩行のマナーや、まちの人への配慮などを確認し、幼稚園に向かう。気持ちが高ぶっている子供が落ち着けるよう、個別の声かけも行えるとよい。保護者の補助が得られる場合は、事前に依頼をしておく。

2　園児と一緒に遊ぶ

ジャンケン列車は、園庭でやります

　事前の打ち合わせである程度、どの遊びをどこで行うのか決めておき、その場所に子供たちを案内する。適切な関わり方や目的を再度確認するとともに、困ったことがあったときはすぐに教師を呼ぶことを共有する。教師は子供の姿を撮影しておく。

活動：幼稚園にある広いスペースで遊ぶ

◯point 1
➡ 事前に幼稚園に連絡をする

◯point 2
➡ 「仲よくなる」という
目的を確認する

なかよしプログラム

よろしくおねがいします！

1 まちの「すてき」たんけんをしよう

2 やさいをそだてよう

3 生きものとなかよし

4 つくってあそぼう

5 幼稚園の友達と仲よくしよう

6 図書館に出かけよう

7 こんなに大きくなったよ

3 今日の活動を振り返る

楽しく遊べたけど、最初はうまく話せなかったな…

　教室に戻った後で、今日の活動を振り返る。「幼稚園の友達と仲よくなる」という目的に対して考えたことや感じたことを学習カードに表現する。おもちゃ広場の交流へと意欲を向けている子供の振り返りを捉え、次時の学習に生かせるようにする。

期待する子供の反応

幼稚園へ出かけ、仲よくなるために一緒に遊ぶ。

1 ［導入］
楽しみだな。早く幼稚園で一緒に遊びたいな。

↓

2 ［展開］
上手だね！できたね！すごい！
足が速いね！また一緒に遊ぼうね！

↓

3 ［まとめ］
幼稚園の友達と仲よくなれた。早くおもちゃ広場に来てほしいな。

本時案

仲よくなれたかな
〜園の友達と遊ぼう〜

6/15

本時の目標

　幼稚園で一緒に遊んだ（交流①）ことを振り返る活動を通して、仲よくなれた自分たちを自覚し、おもちゃ広場に招待しようとすることができる。

資料等の準備

・交流の様子（写真や動画）
・前時の学習カード

授業の流れ ▷▷▷

1 前時の交流を振り返る

　前向きな発言を大切にしていきたい。「仲よくなれた」と子供たちが実感できるように、教師も一人一人の発言を受けて、共感や称賛の声かけを行うことが大切である。写真や動画も積極的に活用したい。

2 幼稚園の先生からの手紙を読む

　第2時で提示した手紙も教室内に掲示しておき、比較して見られるようにしておくことも考えられる。「自分たちが行ったことは価値のあることだった」ということに気付く姿をねらいたい。園児からもらったプレゼントや手紙を示すことも考えられる。

なかよく なれたかな？〜園の友だちとあそぼう〜

2年生のみなさんへ

このまえは、ようちえんまできてくれて ありがとう。

みんなのおかげで きんちょうはすっかりなくなって また みんなに あえる日を たのしみにしています。

おもちゃ広場も たのしみにしていますね！

幼稚園の
先生の写真

たのしみにしてくれているのがうれしい！

おもちゃ広場もせいこうさせるぞ！

ようちえんの ともだちのために おもちゃを へんしん！

なかよくなれた！

1 まちの「すてき」たんけんをしよう

2 やさいをそだてよう

3 生きものとなかよし

4 つくってあそぼう

5 幼稚園の友達と仲よくしよう

6 図書館に出かけよう

7 こんなに大きくなったよ

3 おもちゃ広場の招待に向けて意欲をもつ

おもちゃ広場を絶対に成功させよう！

おもちゃをもっとよい物にしたいな

　幼稚園の先生の期待を確認し、おもちゃ広場に向けて意欲を高めていく。「今のままで、みんなのおもちゃはたくさん遊んでもらえそうかな？」と問いかけることで、相手意識を明確にもっておもちゃを変身する、次時につなげていきたい。

期待する子供の反応

幼稚園の友達との交流を振り返り、おもちゃ広場の招待に意欲をもつ。

1 ［導入］
すごく仲よくなれた。幼稚園に行ってよかったな。

↓

2 ［展開］
幼稚園の先生も喜んでくれたぞ！おもちゃ広場も絶対成功させよう！

↓

3 ［まとめ］
幼稚園の友達のために、少しおもちゃを変身させたいな。より楽しんでもらえるようにしたい。

本時案

園の友達に合わせておもちゃ広場を変身させよう

7 / 15

本時の目標

園児を想定しておもちゃ広場を変身する活動を通して、来てくれる人のことを考えて改良することのよさに気付くことができる。

資料等の準備

・交流で使用する場所
・身辺材
・変身に使われると想定される物

🔍

対話的な学びの視点からの授業改善

➡環境構成の工夫

point 1 次時に幼稚園の子供たちを招待する場所と同じ場所を使用したい。そうすることで、改良とともにリハーサルとしても位置付くことになる。また、子供が使いそうな物はあらかじめ用意しておけるとよい。

point 2 人間関係や、遊びの系統性を見ながら、自然と交流が生まれるような場を設定できるとよい。変身が個人の枠組みの中で終わるのではなく、友達同士で試したり、予測したり、見通したりする中で変身を進める姿を期待したい。

授業の流れ ▷▷▷

1 改良の目的を確認する

何のために変身をするのかを明確にする。また、数名の子供に「こんなところを変身させます」と発言を促すことも、活動の見通しがもてていない子供にとっては有効である。ただし、改良する活動時間が少なくならないように配慮したい。

2 幼稚園の友達を想定して、おもちゃを改良する

教師も園児になりきり、積極的におもちゃを体験するようにする。園児の名前を出して考えている子供を価値付けたり、イメージが湧かない子供に対して、「ここから届かない人がいたら、どうするの？」などと具体的な声かけをしたりすることも考えられる。

5　幼稚園の友達と仲よくしよう

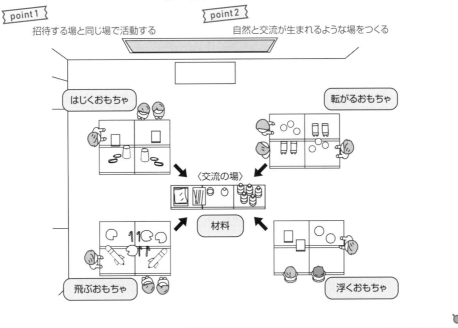

環境構成のイメージ **子供同士の交流が生まれるような場の設定をする**

point1
招待する場と同じ場で活動する

point2
自然と交流が生まれるような場をつくる

はじくおもちゃ

転がるおもちゃ

〈交流の場〉

材料

飛ぶおもちゃ

浮くおもちゃ

1 まちの「すてき」たんけんをしよう

2 やさいをそだてよう

3 生きものとなかよし

4 つくってあそぼう

5 幼稚園の友達と仲よくしよう

6 図書館に出かけよう

7 こんなに大きくなったよ

3 今日の活動を振り返る

Aさんは的に当てやすいように大きくしていました

学習カードに書く活動も考えられるが、全体で共有化する活動も考えられる。「こんな子がいると思ったから、こうしました」と、目的を理解して変身させた姿を価値付けていく。幼稚園の友達が来る日を伝えることで、常時活動においても、改良する姿を期待する。

期待する子供の反応

幼稚園の友達のことを想定しておもちゃを変身する。

1 [導入]
今日は、ちょっとルールを変えてみようと思うんだ。

2 [展開]
う〜ん。これでどうかな？ちょっと、やってみて？まだダメかな。

3 [まとめ]
これできっと楽しんでくれると思う。早く来てくれないかな。待ち遠しいな。

本時案

おもちゃ広場に招待しよう（交流②）

本時の目標

　幼稚園児とおもちゃ広場で遊ぶ活動を通して、適切な関わり方を考え、友達と関わることのよさや楽しさに気付くことができる。

資料等の準備

・交流で使用する場所・物
・修理に使われると想定される物
・デジタルカメラ
・名札
・学習カード 2-5-4

対話的な学びの視点からの授業改善

➡活動の工夫

point 1　本時の目標「友達と関わることのよさや楽しさに気付く」ことができるように、関わりの中で生まれる笑顔の様子や、幼稚園児に寄り添って仲よくなっている場面を、デジタルカメラなどを活用して記録に残すようにする。

point 2　遊ぶ中でおもちゃが壊れることは当然である。子供たちにも事前に伝え、そんなときは修理コーナーへ行くように促す。園児と一緒になって修理する姿も期待できる。

授業の流れ ▷▷▷

1 「よろしくお願いします」の挨拶をする

　子供たちと安全面やルールの確認をしておく。また、1回目の交流よりも「仲よくなる」ことを大切にして学習を展開していくことで、今後の学習につながりが生まれる。関わることの楽しさを感じられるよう、前向きな声かけをし、次の活動へ移る。

2 おもちゃ広場で遊ぶ

　撮影を行いながら、教師自身も積極的に遊ぶようにする。幼稚園の先生にも積極的に遊んでもらうよう、事前に声かけをしておく。壊れても修理コーナーがあることを示し、繰り返し遊べるように子供の活動を保障する。

活動：幼稚園の友達をおもちゃ広場に招待する

point 1
➡ 園児との関わりを大切にする

仲よくなっているシーン

↓

記録に残す

point 2
➡ 園児とともに修理する

ここに輪ゴムを付けるとすぐに直るよ

よかった！

関わることのよさや楽しさに気付く

---

3 今日の活動を振り返る

今日は上手に投げることができたね

　幼稚園児とのお別れの後で、学習カードを書くようにする。関わることのよさや楽しさに気付けている子供の言葉を大切にしていきたい。また、片付けるまでがおもちゃ広場であることを確認し、全員で使用した場所を元の状態に戻すことも大切にする。

期待する子供の反応

幼稚園の友達をおもちゃ広場に招待する。

---

1 ［導入］
よし、幼稚園の友達が楽しんでくれるようにがんばるぞ。

2 ［展開］
上手だね。もっとこうすると高く飛ぶんだよ。

3 ［まとめ］
みんなで遊ぶと本当に楽しい。前の時間にルールを変えたのも大正解だった。また、一緒に遊びたいな。

1 まちの「すてき」をさがしよう

2 やさいをそだてよう

3 生きものとなかよし

4 つくってあそぼう

5 幼稚園の友達と仲よくしよう

6 図書館に出かけよう

7 こんなに大きくなったよ

本時案

仲よく なれたかな 〜おもちゃ広場〜

本時の目標

おもちゃ広場での交流②を振り返ることを通して、もう一度幼稚園の友達と関わりたいという意欲をもつことができる。

資料等の準備

・交流の様子（写真や動画）
・前時の学習カード

深い学びの視点からの授業改善

➡板書の工夫

point 1 思考ツール「PMI」をイメージしてまとめていく。成果と課題を、事実から適切に押さえ、子供の発言に合った写真を掲示していく。成果と課題を話す中で、「次はこうしたい」の発言が聞かれた場合は、中央に板書していく。

point 2 交流②を通して見られた、園児に寄り添う子供の姿を黒板の右側に提示し、その行動の裏にある思いをまとめていく。実際に行動した子供に聞くのも効果的であるが、なぜその子供がこうした行動をとったのか、全員で考えることも有効である。

授業の流れ ▷▷▷

1 交流を通して感じた成果と課題について話し合う

前時の交流②を想起し、できたことやよかったこと、できなかったことやよくなかったことを発表する。プラス面を話した子供に対しては、「○○さんの思いが伝わったんだね」などと積極的に価値付けていき、交流のよさや楽しさに気付けるようにしていく。

2 もう1回交流するとしたら… 改善案について考える

「次やるときは○○したい」と発言した子供の話を受けて、改善案について考えていく。このとき、おもちゃの遊び方や景品などの面だけでなく、関わり方の面にも迫っていけるとよい。子供から出ない場合は、先に「授業の流れ **3**」にいくことも考えられる。

1 まちの「すてき」たんけんをしよう

2 やさいをそだてよう

3 生きものとなかよし

4 つくってあそぼう

5 幼稚園の友達と仲よくしよう

6 図書館に出かけよう

7 こんなに大きくなったよ

なかよく なれたかな?〜おもちゃ広場〜

☺ よかったところ

・よろこんでくれた
・「ありがとう」って言ってくれた
・にこにこしていた

☹ うまくいかなかったところ

・ルールがむずかしかった
・ちゅういしたら、ないちゃった
・おもちゃがこわれた

❗ もっとなかよくしたい

○ルールを変えたい

○こわれなくしたい

○けいひんをつくりたい

○メダルをつくりたい

○そとでも あそんであげたい

○もっと あんしんさせて あげたい

○やさしく おしえてあげたい

○えがおを もっと見たい

もじもじしていたから、トイレかもって思った

かおを見てちゃんとおはなししたかった

もっと なかよくなれる!もう1かいあそびたいな。

---

3 「仲よくなる」とはどういうことか、改めて考える

Bさんは、腰を低くして、話を聞いていたね!

　交流②での、園児に寄り添う子供の姿を提示することで、「仲よくなる」とはどんな行動を指すのか具体的に示す。教師は、子供が相手の立場を気にかけたり、表情やしぐさ、態度など言葉によらない部分を根拠にして寄り添ったりした子供の姿を押さえておく。

期待する子供の反応

やるべきことが分かって、3回目の交流に向けて意欲をもつことができる。

1 [導入]
うまくいったこともあったけど、うまくいかなかったこともあったな。

2 [展開]
おもちゃだけが楽しいだけじゃだめなんだ。幼稚園の友達の心の中も考えてあげないといけないんだな。

3 [まとめ]
もう1回、幼稚園の友達と遊んでもっと仲よくなりたい。

本時案

もっと仲よく なるための 計画を立てよう

11-12/15

本時の目標

　幼稚園児の様子を想起することを通して、仲よくなるための遊び方や関わり方について考え、もっと仲よくなるための交流③に向けて準備を進めることができる。

資料等の準備

・遊びを準備する上で必要な物
・学習カード 2-5-5 💿

主体的な学びの視点からの授業改善

➡板書の工夫

point 1 ただ「計画を立てましょう」と確認しただけでは、2・3時に行った活動と同じになってしまう。そこで前時（第10時）の学びを確認し、「＋」のマークで結ぶことで、本時で考えなければならないことを明確にする。

point 2 「＋」をした結果、言えることをまとめておく。遊びを考える間、黒板に残しておくことで、いつでも目的に返れるようにする。ただし、あまり時間をかけてしまうと遊びを考える時間が限定されてしまう。テンポよく確認していきたい。

授業の流れ ▷▷▷

1 何を大切に計画を立てるか確認をする

　遊びのことだけを考えていては、1回目の交流と変わらない。どういう場面で困ってしまいそうか、そんなときはどうしていったらよいのかも含めて考えることを確認する。また、板書にそれを残し、いつでもそのポイントに返れるようにする。

2 遊びごとに集まり、遊び方や関わり方について考える

　1回目に遊んだ経験や、おもちゃ広場で関わった経験を生かし、遊び方を考えていけるようにする。相手を意識した発言や行動には積極的に価値付けを行う。準備に必要だと予想される物は事前に用意しておき、提供できるようにする。

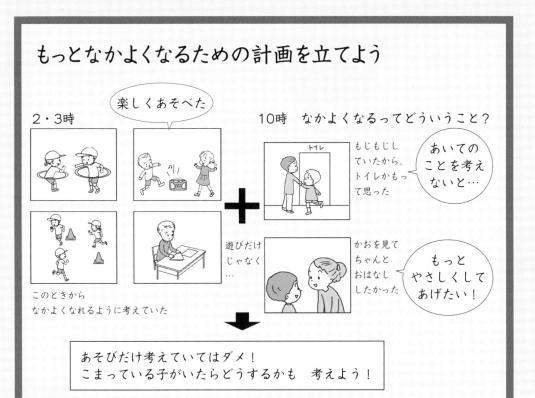

もっとなかよくなるための計画を立てよう

2・3時

楽しくあそべた

このときから
なかよくなれるように考えていた

10時　なかよくなるってどういうこと？

＋

トイレ

もじもじし
ていたから、
トイレかもっ
て思った

あいての
ことを考え
ないと…

遊びだけ
じゃなく
…

かおを見て
ちゃんと
おはなし
したかった

もっと
やさしくして
あげたい！

あそびだけ考えていてはダメ！
こまっている子がいたらどうするかも　考えよう！

1 まちの「すてき」たんけんをしよう

2 やさいをそだてよう

3 生きものとなかよし

4 つくってあそぼう

5 幼稚園の友達と仲よくしよう

6 図書館に出かけよう

7 こんなに大きくなったよ

3 今日の活動を振り返る

早く幼稚園の
子たちと遊び
たい…

　本時の活動を振り返り、考えたことや思ったことなどを学習カードに表現する。第10時での学びを意識し、園児との関わり方に対して考えた言葉を大切にし、次時の見取りの視点としても役立てたい。

期待する子供の反応

もっと仲よくなるための遊び方や関わり方を考え、準備を進める。

1 ［導入］
遊び方だけを考えていてはダメだ。前の時間の学びも大事にして考えよう。

2 ［展開］
トイレ、大丈夫？けがはしていない？と自分から聞いてみるのはどうかな。

3 ［まとめ］
早く幼稚園の友達と遊びたいな。今ならもっと仲よくなれるぞ！

本時案

もっと仲よくなろう（交流③）

本時の目標

　もっと仲よくなろうと思って園児と一緒に遊ぶ（交流③）ことを通して、適切な関わり方について考えるとともに、幼稚園の友達と関係を深めることができる。

資料等の準備

・簡易救急医療セット
・デジタルカメラ
・名札
・遊びに使う物

対話的な学びの視点からの授業改善

➡活動の工夫

🔍**point 1**　交流①と同様にプログラムを作成するが、「2年生の代表の話」を入れることで、「困ったことがあったときはどんなことでも私たちに言ってください」や「たくさん話して仲よくなりましょう」と話せるようにする。また、「幼稚園の先生の話」を入れることで、直に価値付けをしてもらえるような場を設定することも大切である。

🔍**point 2**　遊びそのものが交流①と比べて変化していなくても、その内容を進化させているのが2年生の子供である。質的向上や、関わり方の変化を的確に捉えていけるようにしたい。

授業の流れ ▷▷▷

1 挨拶をして、2年生の思いを代表者が伝える

今日はこれまでよりたくさん話して、仲よくなりましょう！

　すでに仲よくなっている場合は、ペアやグループで座ることも考えられる。挨拶はしっかりと行い、全員で代表者の話を聞くようにする。2年生にとっては、目指すべき姿を一人一人がイメージできるようにしていきたい。

2 幼稚園児と一緒に遊ぶ

今日は外でドッジボールをやります

折り紙グループは教室でやります

　事前の打ち合わせである程度、どの遊びをどこで行うのか伝えておき、迷いなく移動できるようにしておく。誘導は小学生に委ねたい。その際に、関わり方を意識する子供も見られるだろう。積極的に価値付けを行いたい。次時に向けて記録を忘れないようにする。

活動：幼稚園にある広いスペースで遊ぶ

point 1
➡価値付ける場を用意する

point 2
➡活動の質の向上を見取る

手つなぎだるまさんが転んだ

プログラム

1. あいさつ
2. 2年生の代表の話
3. みんなであそぼう
4. じゆうにあそぼう
5. ようちえんの
   先生の話
6. あいさつ

プログラムを掲示する
ことで活動の見通しを
もたせていく

ダンス

折り紙

工作

ドッジボール

---

3 今日の活動を振り返る

今日は、前回より
もっと、もっと
仲よく遊べましたね

幼稚園の先生 ➡

今日の活動を振り返る前に、プログラム5番「幼稚園の先生の話」を全体で想起する。教師の感じた思いを話すことで、一人一人が成長を自覚できるようにする。振り返りでは、自分自身のがんばりに気付けるように、声かけを行う。

期待する子供の反応

関わり方を意識して、もっと仲よくなるために、一緒に遊ぶ。

1 [導入]
よし、やるぞ！準備をしてきたことを出し切ろう！もっと仲よくなるんだ。

2 [展開]
一緒にやってみようか！こうするとやりやすいよ。痛いところはない？

3 [まとめ]
前よりもっと仲よくなった気がする。すごく楽しかった！

1 まちの「すてき」たんけんをしよう

2 やさいをそだてよう

3 生きものとなかよし

4 つくってあそぼう

5 幼稚園の友達と仲よくしよう

6 図書館に出かけよう

7 こんなに大きくなったよ

本時案

幼稚園の友達と仲よくなれたかな

本時の目標

これまでの交流を振り返ることを通して、園の友達が考えていることが分かったり、自分の伝えたいことが相手に伝わるようになったりすることのよさや楽しさが分かり、今後も人と関わることを楽しみにすることができる。

資料等の準備

・交流①〜③の様子（写真や動画）
・幼稚園の先生からの手紙

深い学びの視点からの授業改善

➡板書の工夫

point **1** 時間軸が下から上に流れるように写真を貼っていく。そのとき、左側には園児中心の写真が、右側には2年生の子供中心の写真が貼られていくように意図的に整理する。

point **2** 黒板の上部にいくにつれて、写真の距離が近くなることに気付けるようにしていきたい。また、それがなぜなのかも考えられるとよい。ここで出てくる発言は、心を通い合わせるための重要な要素である。写真の距離だけでなく、心の距離も近くなっていることに気付かせていきたい。

授業の流れ ▷▷▷

1 交流を通して感じた前回との違いを話し合う

「前回との違い」を問うことで、プラス面が話題の中心となるようにする。子供の発言に合うような写真を黒板の真ん中上部に貼り、文字は黒板の左右上部に書くように意識する。関わりを深められた子供、自分の成長を実感している子供を価値付けする。

2 交流②、交流①の自分を想起し、変容の理由を考える

写真を貼りながら生まれる子供の「あの頃は〜」というつぶやきをキャッチして板書に反映させていく。写真の距離に気付けるように促し、「どうしてこんなふうに仲よくなれたのだろう」と問いかけることで、交流において大切なことを一般化していく。

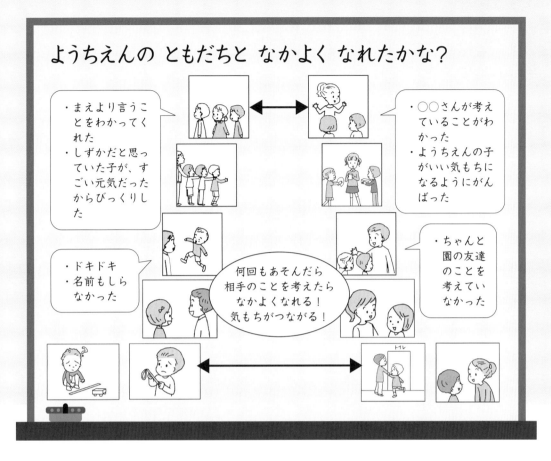

1 まちの「すてき」たんけんをしよう

2 やさいをそだてよう

3 生きものとなかよし

4 つくってあそぼう

5 幼稚園の友達と仲よくしよう

6 図書館に出かけよう

7 こんなに大きくなったよ

3 幼稚園の先生からの手紙を読む

第2時、第6時で手紙を書いてくれた幼稚園の先生が再度書いた手紙を読み上げる。園児が満足そうにしていること、入学を楽しみにしていること等を伝えてもらい、「交流してよかった」とまとめてもらう。交流のよさに気付き、今後も大切にする姿を求めたい。

期待する子供の反応

交流するよさに気付き、今後も積極的に人と関わろうとすることができる。

1 [導入]

前とは違って○○ができたよ。園の友達もすごく喜んでくれた。

2 [展開]

何回も遊んで、相手のことを考えると仲よくなれるんだ。気持ちがつながるってことかな。

3 [まとめ]

交流するって楽しいな。これからも、いろいろな人と出会いたいな。

6 図書館に出かけよう

15時間

【学習指導要領】 内容(4)公共物や公共施設の利用

1時	2時	3時	4・5時	6時	7時
第1小単元（導入）			第2小単元（展開①）		
地域の図書館に関心をもち、施設の様子や働いている人について調べようとする。			図書館を実際に利用し、学校図書館と比べながら施設の特徴や役割について見付けている。		

1. 図書館ってどんなところ？ 地域の図書館を利用した経験や利用している家族のことを紹介しながら、地域の図書館について知っていることを話し合う。 **2. 学校の図書館を調べてみよう** 学校図書館について調べ、地域の図書館で知りたいことや調べたいことを考える。 **3. 図書館に行く計画を立てよう** 図書館への行き方や利用するときのルールやマナーを考えたり、利用の依頼をしたりする。 ✐地域の図書館の利用の仕方などについて、学校図書館の利用の仕方を基に考えている。 ☺図書館に関心をもって、利用しようとしている。	**4・5. 図書館へ行ってみよう** 地域の図書館を実際に利用しながら、施設の様子や特徴について見付ける。 **6. 図書館で見付けたことを紹介しよう** 図書館を利用して見付けたことをカードに書いたり、学校図書館と比べながら伝え合ったりする。 **7. もっと図書館のことを知ろう** さらに知りたいことを話し合い、どのようにして調べるかを考える。 ✐多くの人が利用していることやみんなが利用しやすいようなルールやマナー、イベントがあることに気付いている。 ✐みんなが気持ちよく利用できるように工夫されていることを実際に利用しながら見付けている。

本単元について

単元の概要と育成を目指す資質・能力

　本単元は、学習指導要領の内容(4)「公共物や公共施設の利用」を基に単元を構成し、内容構成の具体的な視点としては、「イ　身近な人々との接し方」「エ　公共の意識とマナー」を位置付けて単元を構成している。

　本単元においては、身近な生活に関わる見方・考え方を生かして学習活動を展開し、一人一人の資質・能力の育成を目指していく。それは、図書館という施設や働いている人々に目を向け対象を捉え、それらを大切にし、安全に気を付けて正しく利用しようという思いや願いを

もって活動することである。

　そのために、本単元では実際に図書館を利用する活動を2回行う。その際には、施設や公共の場所のルールやマナーについて考えるとともに、それらを守って利用できるようにする。

　また、図書館を実際に利用することで、施設のよさや働いている人々がいることを触れ合いながら実感し、見付けられるようにする。この学習をきっかけとして実生活の中でも図書館に対して親しみや愛着をもち、公共の意識をもって日常的に利用する態度を身に付けてほしい。

単元の目標

　図書館を実際に利用する活動を通して、自分たちの生活が豊かになっていることを感じたり、それらの特徴や役割を自分たちの生活とのつながりで見付けたりすることができ、多くの人が利用していることや支えてくれている人々がいることなどが分かるとともに、公共物や公共施設を大切にし、ルールやマナーを守って利用することができるようにする。

8・9時	10時	11・12時	13時	14時	15時
第3小単元（展開②）			第4小単元（終末）		
もう一度図書館を利用し、施設を支えている人々と関わりながら、工夫や気持ちに気付いている。			図書館のよさを感じ、実生活でも図書館を進んで利用しながら生活を楽しくしていこうとする。		

<table>
<tr><td>

8・9. 図書館の人に教えてもらおう
図書館の利用の仕方や働いている人の工夫や気持ちについて話を聞いたり、質問したりする。
10. 図書館で教えてもらったことを思い出そう
図書館の人に教えてもらったことをカードに書き、友達と伝え合う。
11・12.「図書館のひみつ」をまとめよう
図書館を利用したり、図書館の人の話を聞いたりして分かったことを図書館の人に伝えるための方法を考え、まとめる。

✐図書館の人の工夫や気持ちが分かり、そのおかげでみんなが気持ちよく利用できることに気付いている。
♟図書館を利用して、図書館のよさや働きなど分かったことを表現している。

</td><td>

13.「図書館のひみつ」を聞いてもらおう
「図書館のひみつ」を図書館の人に発表し、感想や意見を聞きながら働いている人の思いや願いを知る。
14.「図書館のひみつ」をパワーアップさせよう
図書館の人からの感想や意見をもとに「図書館のひみつ」をさらに書き加える。
15. たくさん図書館を使ってみたよ
日常生活の中で図書館を利用したり、イベントに参加したりしたことを友達と伝え合う。

✐図書館を利用すると自分たちの生活が楽しくなることに気付いている。
☺図書館やそれらを支えている人々に親しみや愛着をもち、進んで利用しながら自分たちの生活を楽しくしようとしている。

</td></tr>
</table>

【評価規準】✐…知識・技能　♟…思考・判断・表現　☺…主体的に学習に取り組む態度

本単元における主体的・対話的で深い学び

　主体的な学びとして、図書館を実際に利用したり、働いている人と直接関わったりする活動を行うことで、子供が自ら働きかけられるようにする。さらに公共物や公共施設について分かったことを家族に伝えることで、図書館について詳しくなった自分自身の成長に気付き、他の公共物や公共施設を利用する意欲を高めたい。

　対話的な学びとして、図書館を利用して感じたよさや分かった特徴を友達や家族と伝え合うようにする。伝え合いながら利用者や管理者の視点で図書館を捉えたり、図書館とそこで働く人との関係について考えたりできるようにし、公共の意識をより一層高めていきたい。

　深い学びとして、図書館を利用することで感じたよさや役割、機能を自分たちの生活が豊かになっていくこととつなげて見付けられるようにする。そうすることで図書館への親しみや愛着をもち、実生活の中でも正しく利用したり、進んで利用したりしながら、自分自身の力でよりよい生活をつくり出していけるようにしたい。

1 まちの「すてき」たんけんをしよう
2 やさいをそだてよう
3 生きものとなかよし
4 つくってあそぼう
5 幼稚園の友達と仲よくしよう
6 図書館に出かけよう
7 こんなに大きくなったよ

本時案

図書館って
どんなところ？

本時の目標

　地域の図書館を利用した経験がある子供の話を聞いたり、図書館を利用している家族の話を紹介したりしながら、図書館について知っていることを話し合い、図書館の利用について関心をもつことができる。

資料等の準備
・図書館の外観や内観の写真
・図書館内の地図
・地域の地図

授業の流れ ▷▷▷

1　地域にある図書館について知る

　地域の図書館の写真や館内の地図を見せながら紹介したり、地域探検の学習で使用した地図を使いながら場所を確認したりして、図書館に関心をもてるようにする。

2　友達の話を聞いて図書館の様子について知る

　図書館を利用したことのある子供や、家族が図書館を利用している子供に図書館の様子について発表してもらう。「こんな本があるんだよ」「こんなことをやっていたよ」など、図書館の様子を聞き、「図書館へ行ってみたい」という思いを膨らませるようにする。

図書かんってどんなところ？

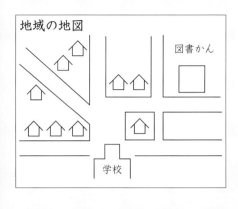

地域の地図

図書かん

学校

図書かんのようす

本棚の写真	おいてある本の写真	窓口カウンターの写真	閲覧席の写真

1階の地図	2階の地図

知りたいこと
- どんな本があるか？
- なんさつの本があるか？
- どうやったら本をかりることができるか？
- どんなことができるか？
- 学校の図書かんと、なにがちがうのか？

1 まちの「すてき」したんけんをしよう

2 やさいをそだてよう

3 生きものとなかよし

4 つくってあそぼう

5 幼稚園の友達と仲よくしよう

6 図書館に出かけよう

7 こんなに大きくなったよ

3 図書館についてもっと知りたいことを発表する

私たちも本を借りられるのかな？

図書館について、知りたいことはありますか？

学校の図書館と比べてみたいです

　図書館について知りたいことを発表しながら「図書館のことを知りたい」という思いがもてるようにする。また、学校図書館についても目を向けられるようにしながら、学校図書館の様子についても思い出すようにする。

期待する子供の反応

地域の図書館の様子を知り、図書館を利用することに関心をもつ。

1 ［導入］
図書館ってどんなところなんだろう。行ったことないな。

2 ［展開］
図書館にはいろいろな本があるみたいで面白そうだね。どんな本が置いてあるのか知りたいな。

3 ［まとめ］
図書館に行ってみたいな。学校にも図書館があるけど、何が違うんだろう。学校の図書館も調べてみたいな。

本時案

学校の図書館を調べてみよう

本時の目標

学校図書館について調べる活動を通して、地域の図書館の様子を想像しながら、知りたいことや調べたいことを具体的に考えることができる。

資料等の準備

・学習カード 2-6-1 💿

授業の流れ ▷▷▷

1 学校図書館の様子を思い出す

普段利用している学校図書館の様子を思い出しながら、地域の図書館について知りたいことや調べたいことを考えられるようにする。実際に学校図書館に行って調べることでより詳しく調べられることを確認し、学校図書館での活動を行うようにしていく。

2 学校図書館の様子について調べたり、司書教諭の話を聞いたりする

実際に学校図書館へ行き、様子を調べる。本の種類ごとに置いてある場所が決まっていることなどを見付けられるようにする。また、司書教諭に話を聞いたりしながら、工夫していることを見付けたり、気持ちについても気付けるようにする。

活動：学校の図書館に行って、図書館の工夫を調べる。

バーコードで本を借りたり、返したりする。本を探したりする。

パソコンを使うとすぐに探せるね

本を借りたり、返したりすることがすぐできるね

このように直しています

本が破れたりしたらどうしますか？

本が探しやすいね！

本を探しやすい工夫

本を読みやすい工夫

学校の図書館の工夫が分かったね

地域の図書館のこともいろいろと知りたいね

---

3 地域の図書館で知りたいことを発表する

図書館で知りたいことはありますか？

学校の図書館は種類ごとに置いてました。それと同じか調べたいです

　学校図書館で調べたことを基にして、地域の図書館で知りたいことや調べたいことを考え、学習カードに表す。「学校の図書館は〇〇だから、地域の図書館も〇〇じゃないかな」と予想しながら考えられるようにする。

期待する子供の反応

学校図書館を調べ、地域の図書館の様子を予想し、知りたいことや調べてみたいことを考えている。

1　[導入]
学校の図書館はこんなふうになっていたよ。行って調べてみたいな。

2　[展開]
いろいろな種類の本があるね。学校の図書館は本の種類ごとに置いてあるね。

3　[まとめ]
地域の図書館も学校の図書館と同じところがあるんじゃないかな。違うところも探してみたいね。

1 まちの「すてき」たんけんをしよう

2 やさいをそだてよう

3 生きものとなかよし

4 つくってあそぼう

5 幼稚園の友達と仲よくしよう

6 図書館に出かけよう

7 こんなに大きくなったよ

本時案

図書館に行く
計画を立てよう

本時の目標

　図書館に行く計画を話し合い、地域の図書館を利用する依頼の仕方、図書館への行き方や利用するときの約束について考えたりしながら、みんなで楽しく使うためのルールやマナーがあることに気付くことができる。

資料等の準備

- ・地域の地図（板書用と班用・個人用）
- ・地域の危険な所の写真
- ・図書館内の地図（板書用と班用・個人用）
- ・図書館内の写真

対話的な学びの視点からの授業改善

➡環境構成の工夫

〔point 1〕 図書館への行き方や利用の仕方について子供たち自身が考えられるようにする。全員が安全に気持ちよく利用できるようにするためにはどうするかを班で話し合いながら考えられるように、地域や図書館内の地図を見ながら具体的に話し合えるようにする。学校図書館の約束や登下校の約束を思い出しながら話し合えるようにする。

〔point 2〕 地域や図書館内の地図は個人用も用意し、クラス全体で話し合ったことを記入できるようにし、実際に利用する際などにも確認できるようにしておく。また、話し合う際には写真なども見せながら、場所のイメージを共有し、理解できるようにしておく。

授業の流れ ▷▷▷

1 図書館を利用する依頼の仕方を知る

　図書館を利用するために、図書館への依頼の仕方について考える。「手紙を送ってお願いする」「電話で連絡をする」などの方法を考えながら、日時や人数などの伝える内容や丁寧な言葉遣いで伝えることなどを確認する。

2 図書館への安全な行き方について話し合う

　地域の地図を使いながら、学校から図書館までの安全な行き方を確認する。危険な箇所を確認したり、道路や横断歩道の歩き方などのルールやマナーについても子供たちに聞きながら確認したりする。

1 まちの「すてき」を　したんけんを　しよう

2 やさいを　そだてよう

3 生きものと　なかよし

4 つくって　あそぼう

5 幼稚園の　友達と　仲よくしよう

6 図書館に　出かけよう

7 こんなに　大きくなったよ

環境構成のイメージ　地図や写真からイメージを膨らませる

班ごとに地域の地図や図書館内の地図を見ながら話し合い、気を付けることや約束を考えるようにする。写真も掲示し、具体的に場所のイメージがもてるようにする。

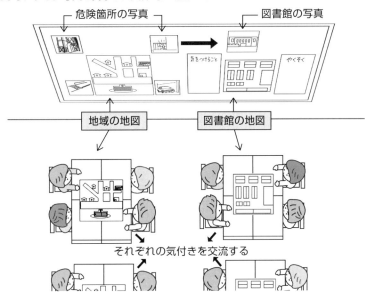

---

3 図書館を利用するときの約束を考える

図書館内の地図を使いながら、図書館の利用の仕方について確認する。学校図書館の約束を思い出したり、図書館を利用したことがある子供の話を思い出したりしながら、みんなが気持ちよく使うための約束について考えられるようにする。

期待する子供の反応

図書館に行くときや利用するときの約束を考え、計画を立てることができる。

1 ［導入］
図書館をみんなで利用するから、図書館の人にお願いをした方がいいね。いつ行くかや何人で行くかを伝えよう。

2 ［展開］
図書館に行くときの約束や図書館を使うときの約束がいろいろあるね。どの約束も大切だね。

3 ［まとめ］
自分たちで考えた約束を守って、図書館に行って、使ってみよう。

本時案

図書館へ行ってみよう

本時の目標

　自分たちで考えたルールやマナーを守り、実際に図書館を利用しながら、地域の図書館の様子や特徴について学校図書館の様子や特徴と比べながら見付けることができる。

資料等の準備

・デジタルカメラ
・タブレット端末
・簡易救急医療セット

主体的な学びの視点からの授業改善

➡活動の工夫

◯point1 図書館へ行くときや利用するときには、子供たち自身が考えた約束を守りながら利用できるようにする。教師は、子供たちを見守る場所を分担しながら、様子を見て言葉をかけるようにする。子供たち自身が約束を意識しながら、進んで守ろうとすることができるようにする。

◯point2 図書館を実際に利用する中で、子供たちは本の数や種類の多さなどの学校図書館との違いを見付けていく。また、学校図書館と同じように静かに本を読むことなどの約束があることにも気付いていく。図書館の本を読んだり、借りたりするなどの活動を通して、施設の様子や特徴に気付けるようにする。

授業の流れ ▷▷▷

1 自分たちで考えた約束を確認し、図書館に出かける

図書館へ行くときや使うときの約束を思い出しましょう

　クラスで話し合った図書館へ行くときの約束や利用するときの約束をもう一度確認してから出かけるようにする。また、子供たちが約束を意識しながら利用できるように、声をかけながら見守ったり、指導したりする。

2 図書館を利用する

タブレット端末やデジタルカメラで撮影する

探しやすいようにきれいに並んでいる…

　図書館を利用しながら施設の様子や特徴を見付けるようにする。また、学校図書館と比べながら同じところや違うところなども見付けられるようにする。様子や特徴など見付けたところは、写真などで記録するようにする。

活動：約束を守りながら、図書館へ行き、利用する

図書館を利用するとき

図書館を使うときの約束は何だった？

静かにします

学校より本の数が多いね

すごい！

どうやって借りるのかな…

point
学校の図書館と比較して、同じところや違うところに気付けるようにする

本を借りる

3 図書館の本の借り方を教えてもらおう

本の借り方について教えてください

　図書館を実際に利用する活動として、図書館の本を借りる活動を行う。借りたい本を探す中で、学校図書館と比べながら本の数や種類などの違いについても気付けるようにしていく。本の借り方などの利用の仕方についても体験を通して気付けるようにする。

期待する子供の反応

ルールやマナーを守りながら図書館を利用し、施設の様子や特徴を見付けている。

1 [導入]
自分たちで考えた図書館へ行くときや使うときの約束をしっかり守りたい。

⬇

2 [展開]
図書館にはいろいろな本があるね。学校の図書館よりもたくさんの本があるよ。使うときの約束は学校と同じだね。

⬇

3 [まとめ]
図書館を楽しく使うことができたよ。約束も自分たちで気を付けて守れたね。

1 まちの「すてき」たんけんをしよう

2 やさいをそだてよう

3 生きものとなかよし

4 つくってあそぼう

5 幼稚園の友達と仲よくしよう

6 図書館に出かけよう

7 こんなに大きくなったよ

本時案

図書館で 見付けたことを 紹介しよう

6/15

本時の目標

　地域の図書館を利用して見付けた施設の様子や特徴について、紹介したいことを書いたカードや写真を使いながら友達と伝え合い、学校図書館と比べながら考えることができる。

資料等の準備

・図書館を利用した活動の様子の写真
・学習カード 2-6-2 💿

授業の流れ ▷▷▷

1 図書館を利用したことを思い出す

　地域の図書館を利用している様子の写真や自分たちが見付けたことを記録した写真を見ながら、活動を振り返る。子供たちが利用しているときに感じたことなどの気持ちも振り返られるように、どんな気持ちだったかも尋ねるように言葉をかけるようにする。

2 図書館で見付けたことから紹介したいことを決め、カードに表す

　地域の図書館を利用しながら見付けたことの中から、自分が友達に紹介したいことを決める。見付けたことや感じたことを学習カードに表す。具体的に思い出させるように利用したときの写真を掲示し、それを見ながら学習カードに表すようにする。

図書かんで見つけたこと

本棚の写真	本を借りている様子の写真	本を探す機械	拡大読書器

同じ

- たくさんの本があるしゅるいごとにおいてある
- バーコードでピッとする 図書カードを使う
- 学校では先生がつかってしらべる
- 学校にはない

学校の図書かんと

ちがう

- 大人の読む本がある。学校よりもたくさんの本がある 新聞もおいてある
- 6冊まで借りられる 学校よりも長く借りられる
- 図書かんではじぶんでつかってしらべる たくさんあった
- 1台あった ルーペもかしている

---

3 図書館を利用して見付けたことや感じたことを伝え合う

図書館で本を借りました。学校と違って6冊まで借りられます

作成した学習カードや写真を使いながら、友達と地域の図書館で見付けたことを伝え合う。地域の図書館には様々な人々が気持ちよく使うことができるように工夫されていることなどを学校図書館と比べながら気付けるようにする。

期待する子供の反応

図書館の利用を思い出し、自分が見付けたことを伝えようとする。

1 [導入]
図書館では、本を読んだり、借りたりしたよ。図書館を使うのは、とても楽しかったね。友達にも教えたいな。

↓

2 [展開]
図書館には、学校には置いてない難しい本もあったよ。本を探すことのできる機械は便利だったよ。

↓

3 [まとめ]
図書館には学校の図書館と同じところや違うところがあったね。

1 まちの「すてき」たんけんをしよう
2 やさいをそだてよう
3 生きものとなかよし
4 つくってあそぼう
5 幼稚園の友達と仲よくしよう
6 図書館に出かけよう
7 こんなに大きくなったよ

本時案

もっと図書館の ことを知ろう

本時の目標

　図書館を利用して見付けたことを友達と伝え合う中で気付いた新たな疑問について確認し、さらに知りたいことや調べたいこと、図書館の人に聞いてみたいことを考え、2回目の図書館を利用する計画を話し合うことができる。

資料等の準備

・図書館内の写真
・図書館を利用した活動の様子の写真
・学習カード 2-6-3 💿

主体的な学びの視点からの授業改善
→板書の工夫

point 1 図書館の利用について伝え合う中で、子供たちが見付けた疑問などを中心に2回目の利用の計画について考えられるようにする。1回目の利用で見付けた工夫について、どうしてそのような工夫をしているのかなどの働いている人の存在や役割に目を向け、働いている人に話を聞いて調べようとする意欲を高められるようにする。

point 2 2回目の図書館の利用に向けて、1回目の利用で新たに気付いた約束についても考えられるようにする。多くの人が利用する場所でみんなが気持ちよく利用できるようにするための意識を子供たち自身が高め、自分の利用の仕方について、さらに考えられるようにする。

授業の流れ ▷▷▷

1 図書館についてさらに知りたいことや調べたいことを考える

　友達と図書館の施設の様子や特徴について伝え合う中で、気付いた新たな疑問について話し合いながら確認する。子供たちの「どうしてだろう？」という疑問を大切にしながら、図書館で働いている人にも目を向けられるようにする。

2 図書館の人に教えてもらいたいことを話し合う

　図書館について詳しく調べる方法について話し合う。これまでの学習経験を生かし、図書館で働いている人から話を聞くことで、詳しく調べられることを確認する。話し合いながら図書館の人にどんなことを教えてもらいたいかを一人一人が考えられるようにする。

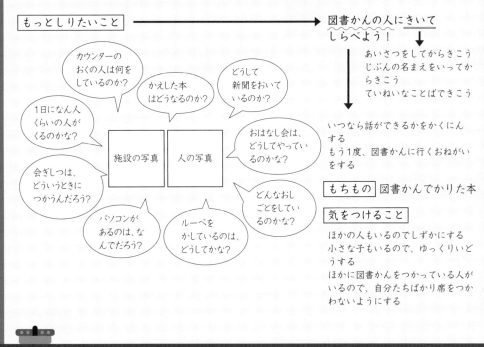

もっと図書館のことをしろう

もっとしりたいこと → 図書かんの人にきいて しらべよう！

カウンターの おくの人は何を しているのか？

かえした本 はどうなるのか？

どうして 新聞をおいて いるのか？

1日になん人 くらいの人が くるのかな？

施設の写真　人の写真

会ぎしつは、 どういうときに つかうんだろう？

おはなし会は、 どうしてやってい るのかな？

どんなおし ごとをしてい るのかな？

パソコンが あるのは、なん だろう？

ルーペを かしているのは、 どうしてかな？

あいさつをしてからきこう
じぶんの名まえをいってか らきこう
ていねいなことばできこう

いつなら話ができるかをかくにん する
もう1度、図書かんに行くおねがい をする

もちもの　図書かんでかりた本

気をつけること

ほかの人もいるのでしずかにする
小さな子もいるので、ゆっくりいど うする
ほかに図書かんをつかっている人が いるので、自分たちばかり席をつか わないようにする

3 もう一度図書館に行く計画を考え 準備をする

もう一度、図書館に行く準備をしよう

借りた本を返そう

何を聞くか 考えよう

　もう一度図書館に行く計画を話し合い、依頼をしたり、借りた本を返したりすることなどの計画を考え、準備を進める。今回の利用では、図書館の人に話を聞くなどの活動を行うので、図書館の人の都合などを考えて依頼できるようにする。

期待する子供の反応

図書館についてさらに調べたいことを 考え、計画を立てることができる。

1 ［導入］
図書館で働いている人はどんなことを しているんだろう。図書館のことを もっと詳しく知りたいな。

2 ［展開］
図書館では「おはなし会」をしている みたいだけど、どうしてやっているん だろう。

3 ［まとめ］
もう一度図書館に行ってみたいな。次 は図書館の人に話を聞いてみたいな。

1 まちの「すてき」をたんけんしよう

2 やさいをそだてよう

3 生きものとなかよし

4 つくってあそぼう

5 幼稚園の友達と仲よくしよう

6 図書館に出かけよう

7 こんなに大きくなったよ

本時案

図書館の人に教えてもらおう

8-9/15

本時の目標

　図書館で働いている人の話を聞いたり、自分たちが疑問に感じたことを質問したりしながら、図書館の利用の仕方や働いている人の工夫や気持ちについて気付くことができる。

資料等の準備

・デジタルカメラ
・タブレット端末
・簡易救急医療セット

深い学びの視点からの授業改善

→活動の工夫

◯point 1　2回目の図書館の利用で、1回目の利用では見付けられなかったことを子供たちは見付けていく。子供たち以外にも様々な利用者がいることや、働いている人のおかげでみんなが気持ちよく利用することができていることなどについて、図書館を利用することを通して見付けられるようにする。

◯point 2　2回目の図書館の利用では、図書館を利用するだけではなく、働いている人と関わりながら、話を聞くなどして学習を進めていく。話を聞く中で働いている人の工夫や気持ちについて気付き、利用している自分たちが感じている図書館のよさと関連付けて考えられるようにする。

授業の流れ ▷▷▷

1 図書館の本の返し方を教えてもらう

　1回目の利用で借りた本を返す活動を行う。本の返し方について、図書館の人から話を聞く。学校図書館の利用の仕方と比べながら、地域の図書館の本の返し方について知る。

2 返した本についての話を聞く

　図書館の人から返却された本がどのようになっていくか話を聞く。図書館の人の返却作業の様子を実際に見せてもらいながら教えてもらう。本の修理などの仕事も見せてもらうことで、「本を大事に使ってほしい」という図書館の人の気持ちに気付けるようにする。

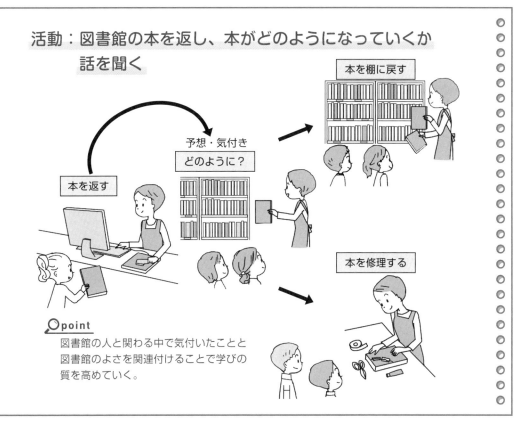

活動：図書館の本を返し、本がどのようになっていくか
話を聞く

本を棚に戻す

予想・気付き
どのように？

本を返す

本を修理する

point
図書館の人と関わる中で気付いたことと
図書館のよさを関連付けることで学びの
質を高めていく。

3 自分の知りたいことについて 図書館の人に教えてもらう

どうして図書館
の人が本を戻す
のですか？

もとの場所にきちんと戻し
て、次の人がすぐ見付けら
れるようにするためです

へー

　図書館を利用したり、働いている人の話を聞
いたりして、さらに知りたいことを質問する。
実際に働いているところを見せてもらいながら
教えてもらうなど、働いている人の様子に直接
関わるようにして工夫や気持ちに触れられるよ
うにする。

期待する子供の反応

**図書館で働いている人と関わりながら
工夫や気持ちなどを聞く。**

1 ［導入］
図書館で借りた本の返し方が分かった
よ。

↓

2 ［展開］
返した本がどうなるか分かったね。図
書館の人がどんなことをしているかも
知れたね。

↓

3 ［まとめ］
図書館の人みたいに本を大切にしたい
な。自分もみんなが気持ちよく利用で
きるように図書館を使いたいな。

1 まちの「すてき」
たんけんを
しよう

2 やさいを
そだてよう

3 生きものと
なかよし

4 つくって
あそぼう

5 幼稚園の
友達と
仲よくしよう

6 図書館に
出かけよう

7 こんなに
大きく
なったよ

本時案

図書館で教えてもらったことを思い出そう

10/15

本時の目標

　図書館で働いている人の話を聞いたり、自分たちが疑問に感じたことを質問したりしながら教えてもらったことを思い出し、カードに書いて、友達と伝え合うことができる。

資料等の準備

・2回目の利用の様子の写真
・図書館で働いている人の写真
・付箋紙
・学習カード 2-6-4 💿

Q

　　対話的な学びの視点からの授業改善

➡環境構成の工夫

point 1 図書館の人と関わりながら、子供たちは働く人の工夫や気持ちなどに気付いていく。写真などを見ながら具体的に教えてもらったことを思い出し、子供たちが話し合うようにしていく。一人一人が見付けたことを伝え合いながら、クラス全体で共有していくようにする。

point 2 友達と話し合いながら、自分が気付けなかったことに気付いたり、自分が気付いたことと友達が気付いたことを関連付けて新たに気付いたりするようにする。友達と伝え合う中で新たに気付いたことなどをまとめ、図書館の人にも伝えたいという思いをもてるようにする。

授業の流れ ▷▷▷

1 図書館の人の話を友達と伝え合いながら思い出す

　2回目の利用で見付けたことや図書館の人に聞いた話などを思い出し、友達と話し合う。利用の様子の写真や図書館で働いている人の写真を見ながら、具体的に思い出せるようにする。

2 心に一番残ったことを学習カードに書く

　図書館の人から聞いた話から友達に伝えたいことを決め、学習カードに書く。「誰から教えてもらったのかな」と言葉かけをしながら「図書館で働いているAさんから教えてもらったよ」などと詳しくカードに書けるようにする。

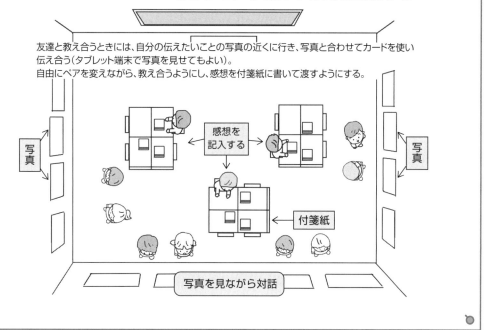

環境構成のイメージ　　**教室の壁面に図書館の人に教えてもらっているときの写真を掲示する**

友達と教え合うときには、自分の伝えたいことの写真の近くに行き、写真と合わせてカードを使い伝え合う（タブレット端末で写真を見せてもよい）。
自由にペアを変えながら、教え合うようにし、感想を付箋紙に書いて渡すようにする。

写真

感想を記入する

写真

付箋紙

写真を見ながら対話

私が印象に残ったことは、Bさんが丁寧に本を直していたことです

3　自分の一番心に残ったことを友達と教え合う

　カードを使いながら一番心に残ったことを友達と教え合う。教え合うときには、自由に移動しながらたくさんの友達と伝え合えるようにする。図書館のことについてたくさん分かったことを、教えてくれた図書館の人にも伝えたいという思いをもてるようにする。

期待する子供の反応

図書館で聞いた話を思い出し、自分なりの言葉で表現しようとしている。

1　[導入]
図書館の人にいろいろなことを教えてもらったね。友達にも教えたいな。

2　[展開]
図書館のAさんの工夫を教えたいな。Aさんの気持ちも伝えたいな。

3　[まとめ]
図書館のことや働いている人のことに詳しくなれたね。教えてもらって自分たちが分かったことを図書館の人にも伝えたいな。

1 まちの「すてき」たんけんをしよう

2 やさいをそだてよう

3 生きものとなかよし

4 つくってあそぼう

5 幼稚園の友達と仲よくしよう

6 図書館に出かけよう

7 こんなに大きくなったよ

本時案

「図書館の ひみつ」を まとめよう

11-12/15

本時の目標

　図書館を利用したり、図書館の人の話を聞いたりして分かったことを図書館の人に伝えるための方法を考え、自分なりの表現でまとめることができる。

資料等の準備

・画用紙
・図書館の様子の写真
・図書館で働いている人の写真

深い学びの視点からの授業改善

➡板書の工夫

point 1 図書館を利用する中で見付けた「ひみつ」について、図書館の人に伝えたいことを考えていく活動を行う。図書館を利用して見付けた図書館の様子や働いている人から聞いた話の中から伝えたいことを発表し、黒板に整理しながら伝えたいことを決められるようにする。

point 2 リーフレットづくりの際は、自分が「図書館のひみつ」を図書館の人にどのように伝えたいかを考えることを大切にする。自分が感じた図書館のよさが伝わるようにまとめたり、働いている人の工夫について自分が知ったことが伝わるようにまとめたりする。図書館を利用して感じたことから、新たに考えたことを自分なりの言葉で表現していく。

授業の流れ ▷▷▷

1 リーフレットにまとめよう

　図書館を2回利用して見付けたことを伝える方法について考える。図書館を利用して自分が知った図書館のよさや、働いている人の工夫などを伝えたいという思いを膨らませ、リーフレットにまとめて図書館の人に伝えたいという意欲を高める。

2 リーフレットに書くことを整理する

　図書館を利用する中で見付けた「ひみつ」の中で、自分が伝えたいことを発表する。施設の工夫、働いている人の工夫などに整理しながら板書をしていく。整理した内容の中から、図書館の人に伝えたいことについて、さらに考えられるようにする。

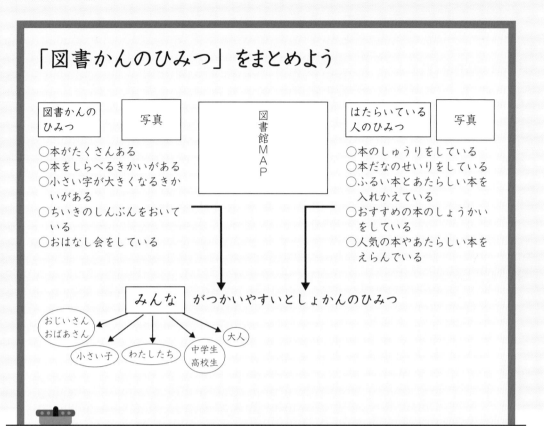

「図書かんのひみつ」をまとめよう

| 図書かんの
ひみつ | 写真 | | 図書館
MAP | | はたらいている
人のひみつ | 写真 |

図書かんのひみつ
○本がたくさんある
○本をしらべるきかいがある
○小さい字が大きくなるきかいがある
○ちいきのしんぶんをおいている
○おはなし会をしている

はたらいている人のひみつ
○本のしゅうりをしている
○本だなのせいりをしている
○ふるい本とあたらしい本を入れかえている
○おすすめの本のしょうかいをしている
○人気の本やあたらしい本をえらんでいる

みんな がつかいやすいとしょかんのひみつ

おじいさん おばあさん／小さい子／わたしたち／中学生 高校生／大人

---

1 まちの「すてき」たんけんをしよう

2 やさいをそだてよう

3 生きものとなかよし

4 つくってあそぼう

5 幼稚園の友達と仲よくしよう

6 図書館に出かけよう

7 こんなに大きくなったよ

3 図書館リーフレットをつくる

今までのカードを見ながらリーフレットをつくろう

　自分が図書館について伝えたいことをリーフレットに書いていく。今までに書いた学習カードや活動を記録した写真などを見返しながら、リーフレットづくりに取り組むようにする。写真なども使いながら、図書館について分かったことをまとめていく。

期待する子供の反応

図書館を利用する中で見付けたことを教えてもらった図書館の人に伝えられるように自分なりに表現する。

1 ［導入］
図書館について分かったことを教えてくれた図書館の人に伝えたいな。

2 ［展開］
「図書館のひみつ」でどれを伝えようかな。

3 ［まとめ］
自分が見付けた「図書館のひみつ」をリーフレットにして伝えよう。写真や絵で分かりやすく伝えたいな。

本時案

「図書館の
ひみつ」を
聞いてもらおう

本時の目標

　図書館を利用したり、図書館の人の話を聞いたりして分かったことを図書館の人に紹介するとともに、図書館の人からの感想や図書館の利用への希望について聞くことができる。

資料等の準備

・作成した「図書館のひみつ」のリーフレット
・実物投影機

授業の流れ ▷▷▷

1　「図書館のひみつ」について伝える

　「図書館のひみつ」を図書館の人に紹介する。図書館の人にリーフレットを読んでもらったり、図書館の人にリーフレットに書いたことを話して伝えたりする。

2　図書館の人からの感想を聞く

　図書館の人に「図書館のひみつ」を聞いた感想について話してもらう。自分たちが伝えたいことが伝わったことへの手応えを感じられるようにする。

1 まちの「すてき」たんけんをしよう

2 やさいをそだてよう

3 生きものとなかよし

4 つくってあそぼう

5 幼稚園の友達と仲よくしよう

6 図書館に出かけよう

7 こんなに大きくなったよ

活動：図書館の人に「図書かんのひみつ」を紹介したり、感想を聞いたりする

◯ point

➡図書館のフロアーマップを用意し、発表における気付きを入れていく

図書館マップ

リーフレット

私が見付けた「図書館のひみつ」を紹介します

---

3 図書館の人からの利用についての思いや願いを聞く

お話し会などにも参加してくださいね

もっと図書館に行きたい

　図書館の人から、図書館をもっと利用してもらいたいことや図書館のイベントに参加してもらいたいという図書館の利用への希望などの話を聞く。図書館の人の思いや願いを知り、今後の生活の中でも図書館に行き、利用しようという意欲を高める。

期待する子供の反応

図書館について分かったことを図書館の人に伝え、図書館の人から感想や希望を聞く。

1 ［導入］
図書館の人に自分たちが感じた図書館のよさが伝わるといいな。

2 ［展開］
図書館について詳しくなって、図書館の人にも伝えられた自分って、すごい。

3 ［まとめ］
図書館の人の話を聞いて、もっとたくさん図書館を使いに行きたいな。お家の人も誘って行ってみよう。

本時案

「図書館のひみつ」をパワーアップさせよう

14/15

本時の目標

図書館の人からの「図書館のひみつ」の感想や図書館の利用への希望について聞いたことから、さらに感じたり考えたりしたことをリーフレットに書き加えることができる。

資料等の準備

・「図書館のひみつ」のリーフレット
・図書館の人の写真

授業の流れ ▷▷▷

1 図書館の人の話を思い出す

図書館の人の話を覚えていますか？

図書館の人からもっと図書館を利用してほしいことや図書館のイベントに参加してほしいことなどの話を振り返る。図書館の人の思いや願いを確認し、「図書館のひみつ」にさらに書き加えたいという思いをもつ。

2 話を聞いて感じたことや考えたことをリーフレットに書き込む

僕はもっと図書館で本を借りたいから、そのことを書こう

私はお話し会について書くよ

図書館の人の思いや願いを聞いて、感じたり考えたりしたことをリーフレットに書き込む。「図書館でもっと本を借りてみよう」「今度はお話し会にも参加してみよう」など、今後の利用への思いについてもリーフレットに書き加えていくようにする。

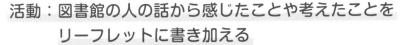

活動：図書館の人の話から感じたことや考えたことをリーフレットに書き加える

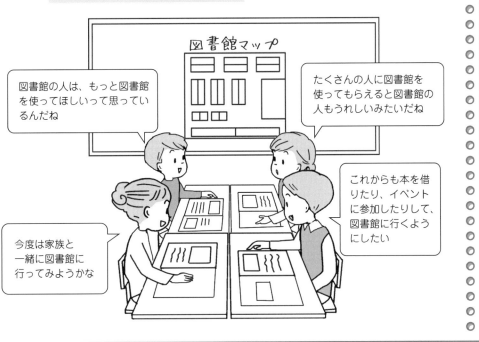

図書館の人は、もっと図書館を使ってほしいって思っているんだね

たくさんの人に図書館を使ってもらえると図書館の人もうれしいみたいだね

これからも本を借りたり、イベントに参加したりして、図書館に行くようにしたい

今度は家族と一緒に図書館に行ってみようかな

3 今後の図書館の利用について話し合う

今度は家族と一緒に図書館に行きたいな

図書館のいろいろなイベントに参加したいな

　今後の図書館の利用について、友達と話し合いながら、「もっと図書館に行きたい」「家族とも一緒に図書館に行きたい」という思いを膨らませる。どのように図書館を利用したいかも話し合いながら、さらに図書館を利用していこうという態度を育めるようにする。

期待する子供の反応

図書館の人の話を振り返り、リーフレットに書き込み、さらに図書館を利用していこうという態度を育む。

1　[導入]
図書館の人からの話もリーフレットに書きたいね。

2　[展開]
もっと図書館に行って、使いたいね。その方が図書館の人もうれしいみたい。

3　[まとめ]
もっともっと図書館を使いたいね。次はどんなことをしようかな。誰と図書館に行こうかな。

1 まちの「すてき」をたんけんしよう

2 やさいをそだてよう

3 生きものとなかよし

4 つくってあそぼう

5 幼稚園の友達と仲よくしよう

6 図書館に出かけよう

7 こんなに大きくなったよ

本時案

たくさん図書館を使ってみたよ

15/15

本時の目標

　日常生活の中でも図書館を利用したことや、図書館のイベントに参加したことについて友達と伝え合いながら、図書館を使うと自分たちの生活が楽しくなることに気付き、進んで利用することができる。

資料等の準備

・掲示物用の模造紙
・記入用のカード

深い学びの視点からの授業改善

➡環境構成の工夫

〔point 1〕日常生活の中でも図書館を利用したことについて話し合えるように、教室に図書館を利用したことを書いて貼るコーナーを準備しておく。本時の授業までに図書館を利用したときには、朝の会などで紹介するなどして、友達の図書館の利用について関心をもてるようにする。

〔point 2〕家族との図書館の利用では、授業では利用していない場所にも行ける場合もある。また、大人向けの講座などが行われている様子について見かけることなどもある。授業の中では見付けられなかった図書館の利用の仕方などについても話し合い、視点を広げて図書館のよさに気付けるようにする。

授業の流れ ▷▷▷

1　家族と図書館を利用した体験について話し合う

　家族と図書館を利用したときのことを友達と話し合う。家族の誰と利用したか、どうして利用したかなどについても詳しく話し合いながら、図書館のよさについて改めて確認する。

2　図書館を利用した家族の様子を紹介する

　図書館を利用した家族の様子について紹介する。家族がどんな本を借りたか、実際に図書館に行ってどんな感想を話していたかを紹介しながら、誰にとっても図書館が便利な場所であることに気付けるようにする。

6　図書館に出かけよう
166

環境構成のイメージ　**図書館を利用したことを掲示し、友達の図書館の利用に関心をもてるようにする**

図書かん行ったよ！のコーナー

○月○日	お母さんと行って、りょうりの本をかりました。ばんごはんで本のりょうりをつくってもらいました。
□月□日	おじいちゃんと行って、本をよみました。おじいちゃんは小さい字がよみにくいので、ルーペをかりて、よんでいました。よく見えると、よろこんでいました。
△月△日	おばあちゃんが図書かんでけんこうについての話が聞ける会があると言っていました。さんかして、べんきょうになったとはなしてくれました。

図書館でこんなこともできるんだ

図書館に行ったので紙をください

1 まちの「すてき」をたんけんしよう

2 やさいをそだてよう

3 生きものとなかよし

4 つくってあそぼう

5 幼稚園の友達と仲よくしよう

6 図書館に出かけよう

7 こんなに大きくなったよ

3 次は誰と図書館を利用したいかを考える

おばあちゃんと手芸の本を探しに行きたい

今度は弟とお話し会に行こうと思う

　友達の話を聞きながら、さらに他の家族とも一緒に図書館に行きたいという思いを膨らませる。どのように図書館を利用してほしいかなどについても考えながら、さらに図書館を利用していこうという態度を育めるようにする。

期待する子供の反応

家族と図書館を実際に利用した体験について振り返り、さらに図書館を利用していこうという態度を育む。

1［導入］

お家の人と図書館へ行ったよ。お家の人にも使い方を教えてあげられたよ。

2［展開］

お家の人も図書館を使って、喜んでいたよ。図書館はみんなにとって便利なんだね。

3［まとめ］

もっともっと図書館を使いたいね。次は誰と図書館に行こうかな。

こんなに大きくなったよ

（18時間）

【学習指導要領】 内容(8)「生活や出来事の伝え合い」／(9)「自分の成長」

1時	2時	3時	4・5時	6時	7時	8・9時	10時

第1小単元（導入）	第2小単元（展開①）
自分自身の成長に関心をもち、気付いたことや分かったことを互いに交流する。	自分自身の成長について調べ、気付いたことや分かったこと、考えたことをまとめる。

1．「ぼく・わたしの『すてき』」を発見しよう 今の自分の「できるようになったこと」等をまとめ、伝え合う。 **2．友達の「すてき」を発見しよう** 友達と互いのよさやがんばりを見付け、伝え合う。 **3．もっと「すてき」を発見しよう** 自分の小さい頃の様子や出来事について知りたいことを挙げ、誰にどんな方法を用いて調べるか考える。 **4・5．いろいろな人に聞いてみよう** 知りたいことに応じて相手を選び、様々な方法で取材活動を行う。 **6．これまでの活動を振り返ろう** ここまでの活動を振り返り、調べたことを整理する。	**7．「ぼく・わたしの『すてき』」をまとめよう** 自分の成長について調べ、分かったことや気付いたこと、考えたことを、どんな方法でまとめるか話し合う。 **8・9．「ぼく・わたしの『すてき物語』」をつくろう** 自分が選んだ表現方法で「すてき物語」を作成する。 **10．「すてき物語」を紹介し合おう** 友達と「すてき物語」を伝え合い、互いの成長の様子を認め合う。
✍過去の自分自身や出来事を振り返り、現在の自分と比較してよさを見付けている。 ☺自分たちの成長に関心をもち、進んで自分や友達のよさを発見しようとしている。	✍自分の成長を伝えるのに適した内容や方法を選んでまとめている。 ✍これまでの自分の生活や成長と、それに関わる様々な人々とを関連付けたり、比べたりしながら表現している。

本単元について

単元の概要と育成を目指す資質・能力

　本単元は、内容構成の具体的な視点「カ　情報と交流」「コ　成長への喜び」を踏まえ、学習指導要領の内容(8)「生活や出来事の伝え合い」と内容(9)「自分の成長」を基に構成している。

　本単元においては、身近な生活に関わる見方・考え方を生かして学習活動を展開し、一人一人の資質・能力の育成を目指していく。それは、自分と、家族や級友等に目を向け対象を捉え、自己の成長を実感し、感謝の気持ちやさらに成長しようという思いや願いをもって活動することである。

　そのために、本単元では、まず、自分と友達との互いの「すてき」を見付け合い、そこから「もっと自分の『すてき』を見付けたい」という子供の意欲を高め、過去の自分を調べたり、家族等へ取材したりする。「すてき物語」の作成と発表会の開催を通して、自分の成長を伝えるとともに、支えてくれている人々の思いを知る。本単元の終末では、自分のよさが分かり、今後の成長への願いをもつ。

　なお、本単元では、プライバシーや生育歴、家族構成等に十分に配慮する必要がある。

1 まちの「すてき」をたんけんをしよう

2 やさいをそだてよう

3 生きものとなかよし

4 つくってあそぼう

5 幼稚園の友達と仲よくしよう

6 図書館に出かけよう

7 こんなに大きくなったよ

単元の目標

　自分自身の生活や成長を振り返ったり、自分を支えてくれる人々と伝え合ったりする活動を通して、自分が大きくなったこと、自分ができるようになったこと、自分の役割が増えたことなどが分かるとともに、支えてくれている人々との交流を通して、相手への感謝の気持ちをもち、更なる成長への願いをもって意欲的に生活することができるようにする。

11時	12時	13・14時	15時	16時	17時	18時
第3小単元（展開②）				第4小単元（終末）		
自分たちの成長を支えてくれた人々に感謝の気持ちを伝えるために発表会を開く。				どんな3年生になりたいかを話し合い、自分の願いや思いをもち、互いに交流する。		

第3小単元（展開②）	第4小単元（終末）
11. 「すてき物語」を発表しよう 自分たちの成長の様子を伝えたい人を決めたり、招待状を書いたりして、発表会の企画をする。 **12. 発表会の準備をしよう** 発表会場の準備や発表のリハーサルを行い、発表の仕方を工夫する。 **13・14. 発表会を開こう** 自分の成長を支えてくれている人々を招待して、「すてき物語」発表会を開催する。 **15. 発表会を振り返ろう** 発表会の感想や新たな気付きを交流する。	**16. 「ありがとう」を伝えよう** 自分の成長を支えてくれている人々へ、手紙で感謝の気持ちを伝える。 **17. もっともっと「すてき」なぼく・わたしに** どんな3年生になりたいかを話し合い、今後の自分の成長を思い描き、まとめる。 **18. 3年生へレッツ・ゴー！** まとめた内容を伝え合い、クラスで共有する。
✐多くの人の支えによって、自分たちが成長していることに気付くとともに、心も体も成長したことが分かっている。 ☺自分の成長について、多様な方法を用いて伝えようとしている。	✐これまで成長してきた自分たちのよさが分かり、これからも成長できることに気付いている。 ☺第3学年での自分の成長に願いをもって、意欲的に学習や生活に取り組もうとしている。

【評価規準】✐…知識・技能　♪…思考・判断・表現　☺…主体的に学習に取り組む態度

本単元における主体的・対話的で深い学び

　導入で、自分や友達のよさを互いに見付ける。そして、家族への取材等を通して過去の自分を知り、現在と比較することで、子供は自身の成長や変容から自分のよさや可能性に気付くことが期待でき、主体性が向上すると考える。

　また、単元全体を通して、友達との伝え合いや家族等との交流を繰り返し経験することで、自分の成長を理解するとともに、成長を支えてくれる人々の存在を知ることができる。自分の成長とそれに関わる様々な人々とを関連付けたり、比べたりすることで、気付きの質が高まっ

ていく。自分の役割が増え役目を果たすことができるようになったことや、思いやりや我慢する心など内面の成長に気付くことができる。

　本単元の学びを通して、成長した自分を実感し、それを支えてくれている人々に感謝の気持ちをもつとともに、成長した喜びが更なる成長を願う心につなげることができるようにしたい。

　次の学年に向けて、子供一人一人が、それぞれの目標を立て、その達成に向けて進んで努力したり、挑戦したりするなど、意欲的に活動する姿が見られるようにしたい。

本時案

「ぼく・わたしの『すてき』を発見しよう

1/18

本時の目標

今の自分を振り返り、できるようになったこと等をまとめ、友達との伝え合いを通して、自分の成長に関心をもつことができる。

資料等の準備

・2学年時における学校生活の写真や動画データ（行事、授業、当番活動等の場面）
・子供一人一人の身長のデータ
・これまでの学習で使用したノート、製作物等
・学習カード 2-7-1 💿

授業の流れ ▷▷▷

1 2年生の学校生活の写真や動画を見て振り返る

2学年時の様子を写真や動画で振り返り、具体的な場面を想起して、自分の1年間の成長に興味・関心を高める。「家ではどうかな？」と教師から問いかけ、家庭生活における成長の様子も引き出せるようにする。なお、映像での振り返りは5分程度とする。

2 ぼく・わたしの「すてき」を見付け、伝え合う

学習カードに、一人一人が2年生の1年間で「できるようになったこと」や「がんばったこと」を記述し、まとめていく。その後、グループ内（1グループ4〜5人）で発表し、伝え合う。全体の前でも、各グループから1人ずつ指名し、発表する。

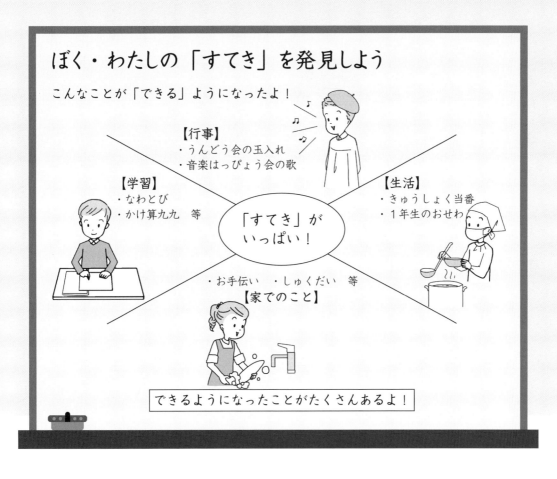

ぼく・わたしの「すてき」を発見しよう

こんなことが「できる」ようになったよ！

【行事】
・うんどう会の玉入れ
・音楽はっぴょう会の歌

【学習】
・なわとび
・かけ算九九　等

「すてき」が
いっぱい！

【生活】
・きゅうしょく当番
・1年生のおせわ

・お手伝い　・しゅくだい　等
【家でのこと】

できるようになったことがたくさんあるよ！

3 「ぼく・わたしの『すてき』」を発見した感想を発表する

1年生のお世話をできたことが私の「すてき」だと思いました

本時の活動に対する感想を発表し合い、振り返りを行う。「できるようになったこと」が、自分のすてきなところ、よさであることを押さえ、価値付けする。また、次時の活動につながるように、友達の「すてき」にも着目するよう助言する。

期待する子供の反応

今の自分を振り返り、友達との伝え合いを通して、自分の成長に関心をもつことができるようにする。

1 ［導入］
2年生になって、たくさんの活動や学習をしてきたんだ。がんばってるな。

⬇

2 ［展開］
この1年間で、できるようになったことがたくさんある。

⬇

3 ［まとめ］
できるようになったことは、私の「すてき」につながるんだ。うれしい。みんなも「すてき」がたくさんある。

本時案

友達の「すてき」を発見しよう

2/18

本時の目標

友達との関わりを振り返る活動を通して、友達と互いによさやがんばりを見付け、伝え合うことができる。

資料等の準備

・前時の板書を撮影した写真等（模造紙にまとめて掲示したり、写真をプロジェクターで投影したりしても可）
・前時に作成した学習カード
・学習カード 2–7–2 💿

対話的な学びの視点からの授業改善

➡ 活動の工夫

🔍**point 1** 友達の「すてき」を見付けるために、教師側から視点（友達がんばっているね、友達ありがとう、友達すごいね）を提示する。これらの視点を基に、友達の「すてき」を見付けることを助言する。

🔍**point 2** 伝え合いは、ペア・グループ・全体等、活動形態を子供の実態や教師の思いに応じて工夫する。生活科に限らず、他教科の学習や学級活動等においても、伝え合う活動を意識して取り入れて授業を行うようにする。1年を通して伝え合う力を育んでいく。

授業の流れ ▷▷▷

1 前時を振り返り、「『すてき』なのは自分だけ？」と問いかける

前時で、「自分には『すてき』なところがある」ことに気付いたことを確認し、友達の「すてき」にも関心を高められるように、教師から「『すてき』なのは自分だけだったかな？」と問いかける。子供自身から、「友達にも『すてき』がある」という発言を引き出す。

2 「○○さんのすてき」を学習カードに書き、友達と伝え合う

伝え合いの場面では、「ペア→グループ→全体」「ペア→全体」「グループ→全体」「全体のみ」など、活動形態を工夫して行う。学級経営が充実しており、他教科等の学習でも伝え合う活動を日常的に行っていれば、最初から全体での伝え合いを行ってもよい。

1 まちの「すてき」たんけんをしよう

2 やさいをそだてよう

3 生きものとなかよし

4 つくってあそぼう

5 幼稚園の友達と仲よくしよう

6 図書館に出かけよう

7 こんなに大きくなったよ

活動：学級の友達と「○○さんのすてき」を伝え合う

○point

(1) 友達ががんばっているところ（がんばってるね）、友達に助けてもらったこと（ありがとう）、友達が1年生の頃に比べてできるようになったこと（すごいね）を書くように助言する。

(2) ペア、グループ（4〜5人）、全体での伝え合いと、子供の実態に応じて工夫する。

3 友達から「すてき」を伝えてもらった感想を発表する

たくさんの人に「すてき」を見付けてもらってうれしかったです

初めて知った自分のよさに気付いたり、友達から自分のよさを認めてもらったりしたときのうれしさを感じ取れるようにしたい。また、自分が友達の「すてき」を発表したときに、友達が見せるうれしそうな表情を見たときの心地よさも実感できるようにしたい。

期待する子供の反応

友達のよさを伝える楽しさ、自分のよさを伝えてもらううれしさが分かる。

1 [導入]
前の時間には、自分の「すてき」が分かった。友達にも「すてき」がある。

⬇

2 [展開]
友達の「すてき」をいっぱい見付けよう！みんながんばっていることがある。

3 [まとめ] ⬇
友達から「すてき」を見付けてもらってうれしい！友達に「すてき」を伝えたら、とっても笑顔で喜んでいた。私も、もっとうれしくなったよ！

本時案

もっと「すてき」を発見しよう

本時の目標

　自分の小さい頃の様子や出来事について知りたいことを挙げる活動を通して、誰にどんな方法を用いて調べるかを考えることができる。

資料等の準備

・テレビまたはプロジェクター
・教師や教師の子供の小さい頃の写真
・学習カード 2-7-3 💿

➡板書の工夫

point 1 思考ツール（イメージマップ）を用いて、子供の発言を板書にまとめていく。自分たちが成長する上で、たくさんの人々が関わっていることに気付くとともに、相手に応じて取材する内容や方法を考えることができるようにする。

point 2 多様な相手を選択して、情報収集に努めることができるようにする。また、インタビュー時の視点を明確にするために、自分たちが小さかったときの様子やそのときの相手の思いも聞き取ることができるようにする。どんな質問をしたらよいか見通しをもって考えられるようにする。

授業の流れ ▷▷▷

1 自分と友達で見付けた「すてき」を見つめる

　自分で発見した「すてき」と友達が見付けてくれた「すてき」を見つめる。自分のよさやがんばっている点に自信をもつとともに、教師から「もっと『すてき』を発見したいよね！」「誰に教えてもらいたいかな？」と、問いかけ、本時の活動への意欲付けをする。

2 教師や教師の子供の小さい頃の写真を見ながら話を聞く

　教師や教師の子供が小さかった頃の写真を見ながら話を聞く。「赤ちゃんの頃は寝つきが悪く、お母さんを困らせた」「幼稚園の先生にだっこしてもらい、いつも笑顔だった」など、他者との関わりが見える話をする。そして、自分の小さな頃に関心がもてるようにする。

1 まちの「すてき」をたんけんしよう

2 やさいをそだてよう

3 生きものとなかよし

4 つくってあそぼう

5 幼稚園の友達と仲よくしよう

6 図書館に出かけよう

7 こんなに大きくなったよ

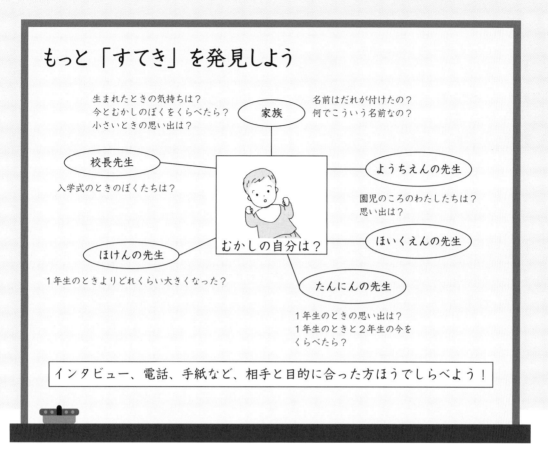

もっと「すてき」を発見しよう

生まれたときの気持ちは？
今とむかしのぼくをくらべたら？
小さいときの思い出は？

家族

名前はだれが付けたの？
何でこういう名前なの？

校長先生

入学式のときのぼくたちは？

ようちえんの先生

園児のころのわたしたちは？
思い出は？

むかしの自分は？

ほいくえんの先生

ほけんの先生

1年生のときよりどれくらい大きくなった？

たんにんの先生

1年生のときの思い出は？
1年生のときと2年生の今を
くらべたら？

インタビュー、電話、手紙など、相手と目的に合った方ほうでしらべよう！

3 誰に、何を、どんな方法で取材するか考える

今と昔の自分を比べてみよう！

　ペアやグループ（4〜5人）に分かれて、取材の相手や質問内容、質問方法を話し合い、考える。その後、全体での練り合いを通して、意見を共有化する。全体での練り合いを行い、再度自分の学習カードを見直し、見通しをもって取材ができるようにする。

期待する子供の反応

過去の自分や自分が関わっている相手、出来事について関心をもつ。

1 [導入]
自分の「すてき」はいっぱいあるんだ。もっと「すてき」を見付けたい！

↓

2 [展開]
私は小さいとき、どんな子だったのかな？私が入院したとき、お父さんとお母さんはすごく心配しただろうな。

3 [まとめ] ↓
たくさんの人に、私が小さかったときのことをインタビューしたいな。今と昔の自分を比べてみよう！

本時案

いろいろな人に聞いてみよう

本時の目標

自分の小さい頃や成長に関係する人へインタビューをする活動を通して、取材の目的に応じて相手を選び、適切な方法を用いて取材を行うことができる。

資料等の準備

・インタビュー時のメモ用紙
・生活科バッグ等
・前時の学習カード

4-5/18

主体的な学びの視点からの授業改善

➡活動の工夫

🔍point1 自分の小さい頃の様子や、自分の成長に関係する出来事に興味・関心を高めるための活動である。インタビューを通して、過去の自分に目を向けるとともに、家族や学校の先生、幼保園の先生等、自分たちの成長を多くの人々が支えてくれたことも分かるようにする。

🔍point2 自分たちの成長とそれを支える人々との関連付けや比較を行うことができるようにし、子供の思考を深めるためにも、複数の相手に取材して情報を集めるようにする。また、インタビューの質問内容が、自分たちの成長に関することや成長を支える側の思いに触れられるものか、教師が事前に確認しておく。

授業の流れ ▷▷▷

1 家族へのインタビュー

事前に学年・学級通信にて、本単元の学習において乳幼児期の子供の様子や出来事について、インタビューすることを保護者に伝える。可能であれば、当時の写真等の提供もお願いする。家族構成や成育歴に十分に配慮して行う。

2 学校の先生方へのインタビュー

養護教諭や校長、前担任教諭等に協力を依頼して行う。特に、養護教諭には、１年生から２年生における一人一人の身長の伸びを紙テープや棒グラフ等で視覚化して子供に提示してもらい、身体的な成長を実感できるようにする。

活動：自分たちの成長を支えている人々に取材する

学校の先生

家族

幼保園の先生

地域の人

○point
➡関連付けや比較検討を行い、子供の思考を深めるためにも、複数の相手に取材し
情報を集めるようにする。

1 まちの「すてき」たんけんをしよう

2 やさいをそだてよう

3 生きものとなかよし

4 つくってあそぼう

5 幼稚園の友達と仲よくしよう

6 図書館に出かけよう

7 こんなに大きくなったよ

3 幼保園の先生や地域の方への インタビュー

みんな大きくなったね！

なつかしいな

B先生だー

　幼保園の先生や地域の方と、事前に打ち合わせを行い、本単元の学習におけるねらいや概要を説明する。併せて、子供に話してほしい内容も伝える。日程調整も行い、相手方に訪問するか、来校してもらうかについて協議する。

期待する子供の反応

自分の過去と現在を比べる材料を集めて成長の様子を知るとともに、成長を支えてくれた人々の存在に気付く。

1 ［導入］
僕が小さかった頃の話や思い出をたくさん聞いたよ。いろいろ分かったよ。

2 ［展開］
僕が生まれたときは、みんなが喜んでくれた！僕が成長することを家族も、先生も楽しみにしてくれている。

3 ［まとめ］
今の僕は、たくさんの人に支えられて成長してきたんだと分かった！

本時案

これまでの活動を振り返ろう

本時の目標

　これまでの活動を振り返り、友達との伝え合い活動や自分の成長を支えてくれた人々への取材活動を通して、自分の成長について集めた情報を整理することができる。

資料等の準備

・第1時〜前時までに使用した学習カード
・付箋紙（1色、正方形のもの）
・小単元ごとに、子供の学びの履歴を模造紙にまとめたもの
・学習カード 2-7-4 💿

授業の流れ ▷▷▷

1 これまでの活動を振り返る

　模造紙にまとめた全体での学びの履歴を見たり、一人一人がファイルにまとめた個の学びの履歴を見たりしながら、これまでの活動を通して分かったことや考えたことを発表し合い、これまでの学びを全員で振り返る。

2 集めた自分の「すてき」情報を整理する

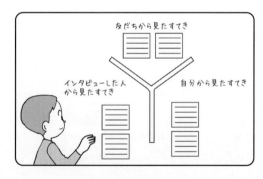

　第1時〜前時までの学習カードを参考に、自らの「すてき」情報を確認する。付箋紙に自分の「すてき」を書き出し、Yチャートに整理していく。「自分から見た『すてき』」「友達から見た『すてき』」「取材した人から見た『すてき』」と、3つの視点を与える。

1 まちの「すてき」たんけんをしよう

2 やさいをそだてよう

3 生きものとなかよし

4 つくってあそぼう

5 幼稚園の友達と仲よくしよう

6 図書館に出かけよう

7 こんなに大きくなったよ

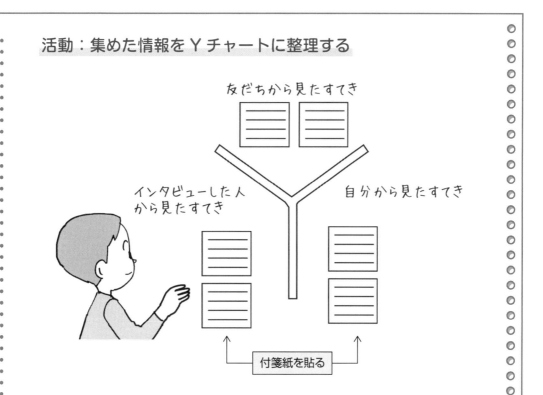

活動：集めた情報を Y チャートに整理する

友だちから見たすてき

インタビューした人
から見たすてき

自分から見たすてき

付箋紙を貼る

3 自分の「すてき」を、これからどうしていくか話し合う

自分の「すてき」をどうしていく？

私は巻物にしよう…

本にまとめたい

　整理した自分の「すてき」情報を、これからどのような形で表現していくかについて話し合う。絵本や新聞など多様な意見が出る中で、教師はそれぞれの表現方法のよさを助言する。そして、今後の活動計画を立てるようにする。

期待する子供の反応

自分の成長をまとめ、１つの形に表したいという意欲をもつ。

1 ［導入］
私には、たくさんの「すてき」があるんだ！成長していることが分かった。

2 ［展開］
集めた「すてき」を見ると、友達も家の人も、同じところをほめてくれている。自分の一番のよさなのかも！

3 ［まとめ］
自分の「すてき」を、何かにまとめたいなぁ。本や紙芝居がいいかなぁ。あ、巻物にしてもおもしろいかも！

本時案

「ぼく・わたしの『すてき』」をまとめよう

7/18

本時の目標

　自分の成長について調べて分かったことや気付いたこと、考えたこと等を、これまでの学習で学んだまとめ方を基に、どのような方法でまとめるとよいかを考えることができる。

資料等の準備

・これまでの生活科等の学習のまとめで作成した資料や作品（紙芝居、絵本、新聞、巻物、写真集、日記等）

主体的な学びの視点からの授業改善

➡板書の工夫

point 1 どんな方法でまとめるか、既習事項を基に、子供から出た意見を板書にまとめていく。板書に整理して残すことで、方法を思いつかない子供が参考にできるようにする。また、他の単元学習でまとめた資料や作品も提示することも有効である。

point 2 「ぼく・わたしの『すてき物語』」という題名は、あくまで本書における例示である。学級の子供同士の対話を通して出た意見を基に、題名を決める。教師側から一方的に「この題名にしましょう」とするのではなく、子供との対話を基にして決めていくことで主体性につながり、課題を自分事として捉えることができる。

授業の流れ ▷▷▷

1 どんな方法でまとめるか、みんなで意見を出し合う

　これまでの既習事項や教科書に掲載されているまとめ方などを参考にしながら、意見を出し合う。紙芝居、絵本、新聞、巻物、写真集、日記など、多様な表現方法を出し合う。また、それぞれの表現方法のよさを助言すると、適切な方法を選択できるようになる。

2 必要な材料について考え、意見を出し合う

　自分が用いる表現方法には、どんな材料や道具が必要かを考え、ノートに整理する。今後の活動に対して、見通しをもって取り組もうとしているかどうかを、子供の姿から見取るようにする。併せて、題名についても意見を出し合い、対話を基に決定する。

ぼく・わたしの「すてき」をまとめよう

【何にまとめる？】

・絵本

・新聞

・まきもの

・写真集

・日記

【題名は？】

> ぼく・わたしの「すてき物語」
> にしよう！

○まちたんけんでつくった紙しばい、今回もできそう！

○トマト日記みたいに、日記で「すてき物語」をつくろう！

○新聞もいい。私が中心になるから、なんだか有名人になったみたい！

○生まれたときから今までをまきものにしよう！長〜いまきものをつくる！

【何を使う？】

・画用紙　　・色画用紙　　　　　・おり紙
・リボン　　・サランラップのしん
・あつ紙　　・ひも　　　　　　　・新聞用紙
・ノート　　・せいほんテープ　　　　　など

---

1 まちの「すてき」たんけんをしよう

2 やさいをそだてよう

3 生きものとなかよし

4 つくってあそぼう

5 幼稚園の友達と仲よくしよう

6 図書館に出かけよう

7 こんなに大きくなったよ

3　どんな方法でまとめるか、互いの意見を交流する

新聞にしようと思う

僕は日記にするよ

楽しみだね

　自分で決めた「すてき物語」の表現方法について伝え合う。教師は、誰が、どんな方法でまとめようとしているかを確認する。今後の活動に向けて、分からないことや心配なこと、材料の相談についても、この場で意見を出し合うようにする。

期待する子供の反応

自分の成長や支えてくれた人々との関わりをまとめ、表現する方法を決める。

1［導入］
前に幼稚園の子に絵本で小学校のことを教えたよ。今度は、自分の「すてき」を絵本にしたい。

⬇

2［展開］
絵本をつくるから、画用紙は必ず必要だよね。あとは何が必要かなぁ。「すてき物語」を早くつくりたいな！

⬇

3［まとめ］
Ａさんは、新聞にするんだ！Ｂさんは巻物だ！つくるのが楽しみだね！

本時案

「ぼく・わたしの『すてき物語』」をつくろう

本時の目標

　自分の成長や自分を支えてくれた人々との関わりについて、自分が選んだ表現方法を用いて「すてき物語」を制作することができる。

資料等の準備

・画用紙、色画用紙
・折り紙、厚紙
・リボン、ひも
・ラップの芯
・ノート等

対話的な学びの視点からの授業改善

➡環境構成の工夫

〔point 1〕 教室や生活科室の児童用机・椅子を運び出し、活動の場を広く使えるようにする。また、子供が使うであろう様々な材料や道具は、教室の前方において置き、子供が自由に使えるようにする。

〔point 2〕 制作は個人で行うが、同じ表現方法の子供同士でグループをつくって活動する。自然に友達の制作過程を見ることができ、参考にしたり、関心をもったりすることができる。次時の活動へとスムーズにつなげることができるようにする。

授業の流れ ▷▷▷

1 「ぼく・わたしの『すてき物語』」を制作する

　これまでの学習カードや取材活動時のメモ、小さい頃の写真等を見ながら、「すてき物語」にどの情報を掲載するか、どの順番で載せるか、どこを強調して表すか等を決め、制作する。取材相手の思いや活動を通して考えたことなども表記するよう助言する。

2 互いに制作過程を見合う

　制作過程は、互いに自由に見合ってよいことを伝える。教師は一人一人の制作の様子を丁寧に見取り、把握する。困っている子供やアイデアを工夫している子供を、全体の前で紹介し、他の子供に意見を求めたり、参考にするよう助言したりする。

環境構成のイメージ

> point
>
> 活動の場を広く使えるように、児童用の机・椅子を運び出す。気軽に互いの制作過程を見ることができる。同じ表現方法の子供同士をグループにする。互いに参考にしたり、関心をもったりすることで、子供同士の学び合いも深まる。

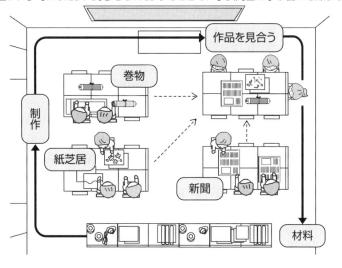

1 まちの「すてき」たんけんをしよう

2 やさいをそだてよう

3 生きものとなかよし

4 つくってあそぼう

5 幼稚園の友達と仲よくしよう

6 図書館に出かけよう

7 こんなに大きくなったよ

3 同じ表現方法のグループ内で、互いに学び合う

たくさんの人がいると楽しそう

どんな絵があるといいかな？

　同じ表現方法のグループで相談し合ったり、教え合ったりしてよいことを助言し、子供同士の学び合いが深まるようにする。また、なぜその情報を「すてき物語」に載せようと思ったのか、理由や思いも引き出せるように机間指導を行う。

期待する子供の反応

自分の成長や支えてくれた人々との関わりを自分が選んだ方法で表現する。

1 ［導入］
小さい頃から今までの私を紙芝居にしよう。赤ちゃんのときの写真が必要だ。

2 ［展開］
Aさんも、同じ紙芝居だ。あ、生まれたときのお父さんやお母さんの気持ちを台詞にしてる。なるほど！

3 ［まとめ］
完成した！友達と見せ合いたいな！

本時案

「すてき物語」を紹介し合おう

本時の目標

友達と完成した作品を見せ合い、感想を伝え合うとともに、そこで聞いた意見を自らの作品に生かすことができる。

資料等の準備

・前時に作成した「すてき物語」
・付箋紙（1色、正方形のもの）

対話的な学びの視点からの授業改善

→環境構成の工夫

point 1　生活班（1班4〜5人）に分かれて、自分の「すてき物語」を紹介する。聞き手は作品を見たり、説明を聞いたりして、成長の様子についてよく分かった点やここを工夫するともっと聞き手に伝わるという点を付箋紙に書き、発表者に渡す。

point 2　グループごとに代表者を決め、グループ内での伝え合いを通して、友達の作品や説明の仕方でよく分かった点や真似したいと思った点を全体の前で発表する。教師は、板書に子供の発言を整理して、子供の学び合いが深まるように支援する。

point 3　「すてき物語」を見直し、グループや全体での学び合いを通した気付きを生かして、よりよい作品をつくる。

授業の流れ ▷▷▷

1　「ぼく・わたしの『すてき物語』」を生活班の友達に紹介する

作品を生活班で紹介し合い、それぞれの感想等を交流する。よかったところだけでなく、「ここを工夫すると、もっと成長が伝わる」「こんな話し方、見せ方をすると、もっと分かりやすくなる」という意見も出し合うよう助言する。

2　友達との伝え合いで、よかったところを全体で共有する

グループでの発表を通して、「Aさんの作品のここがよいから、全員に紹介したい」「Bさんのこんな説明がよかったから真似したい」と思ったことを、グループごとに発表し、全体で共有化する。友達のよいところを積極的に参考にするよう助言する。

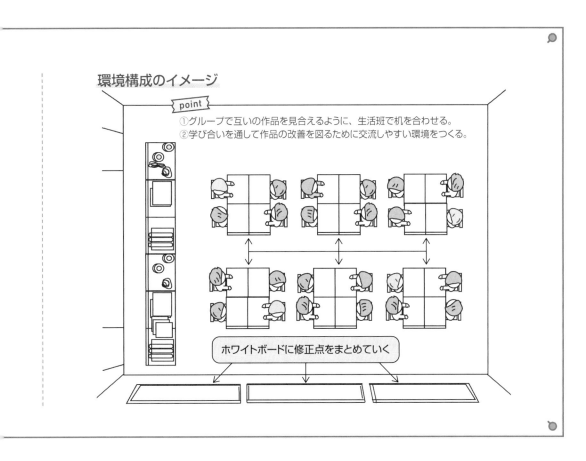

環境構成のイメージ

point
①グループで互いの作品を見合えるように、生活班で机を合わせる。
②学び合いを通して作品の改善を図るために交流しやすい環境をつくる。

ホワイトボードに修正点をまとめていく

1 まちの「すてき」たんけんをしよう

2 やさいをそだてよう

3 生きものとなかよし

4 つくってあそぼう

5 幼稚園の友達と仲よくしよう

6 図書館に出かけよう

7 こんなに大きくなったよ

3 学び合いで気付いたことや考えたことを基に、作品を見直す

新聞に四コマ漫画を貼り付けよう

自分の発表を聞いた友達からもらった付箋紙や、全体での学び合いの様子を可視化した板書を見ながら、自分の作品を見直す。よりよい作品にすることを目指して、加除修正する。併せて、「もっとたくさんの人の前で発表したい」という意欲を高める。

期待する子供の反応

「すてき物語」を友達に伝えたい。友達の「すてき物語」を見たい。

1 [導入]
Aさんのは、一番伝えたいことが赤ペンで書いてある。よく分かった。

2 [展開]
Bさんは、クイズ形式で答えを聞きながら自分の「すてき物語」を発表するんだ！工夫していておもしろい。

3 [まとめ]
友達からのアドバイスやよいところを真似して、もっといい作品にしよう。お家の人にも聞いてほしいな！

本時案

「すてき物語」
を発表しよう

本時の目標

　自分の成長について分かったことや考えたことを、これまで成長を支えてくれた人々に伝える発表会を企画することができる。

資料等の準備

・短冊（A4用紙を縦に半分に切ったもの）
・招待状の用紙
・封筒

主体的な学びの視点からの授業改善

➡板書の工夫

point 1 誰に発表したいかを考え、意見を出し合う。短冊に相手を書き、黒板に貼っていく。短冊をグルーピングしながら、発表会に招待する相手を選定していく。

point 2 発表会の企画に対して、可能な限り子供の思いを吸い上げる。「誰を呼びたい？」「場所はどこで？」「招待状はどうするの？」といった問いを子供に投げかけ、意見を発表できるようにする。教師は、黒板に子供の意見を整理し、可視化する。

授業の流れ ▷▷▷

1 発表する相手を考え、意見を出し合う

　「すてき物語」を誰に聞いてほしいか、一人一人が短冊に書いて発表する。自分の成長を支えてくれた人々がたくさんいることに子供は気付いている。短冊は時間が許す限り、何枚書いてもよいことにする。1人が複数人の相手を挙げてもよい。

2 「すてき物語」発表会の全体計画を立てる

　どんな発表にしたいか、発表の仕方や準備物を全員で話し合い、全体計画を作成する。黒板は意見を見やすく、分かりやすく構造化して書く。

1 まちの「すてき」たんけんをしよう

2 やさいをそだてよう

3 生きものとなかよし

4 つくってあそぼう

5 幼稚園の友達と仲よくしよう

6 図書館に出かけよう

7 こんなに大きくなったよ

「すてき物語」を発表しよう

日時：○月○日　○時間目～○時間目
題名：「ぼく・わたしの『すてき物語』発表会―こんなに大きくなったよ！―」

1　だれに？

お母さん、お父さん
心もからだもせいちょうしたよ

おじいちゃん、おばあちゃん
ありがとうを伝えたい

1年生のときの先生
校長先生、保けんの先生
おうえんしてね

1年生
しっかり見てね

交通しどうたいの方
いつもありがとう

ようち園やほいく園の先生
がんばっているよ
むかしとちがう

※短冊に書いた物を仲間分けして掲示

2　発表の仕方は？

・一人ずつ
・生活グループで
・さいごにみんなで歌う
・聞いてほしい人ごとに分かれて

3　どんな準備が必要？

・場所をかりる（音楽室か体育かんか生活科室）
　→校長先生にお願いに行く
・しょうたいじょう
　→一人一人書く
・場所のかざり付け

○心も体も、むかしより大きくせい長したことをつたえたい！
○たくさんの人に、自分たちのせい長をつたえたい！

---

3 発表会に向けて準備を行う

招待状をあげたらお母さん喜ぶかな？

発表会に向けた準備を進める。招待状は、必ず1人1通書くようにする。招待状を書くと、渡す際のわくわく感が高まる。それが、発表会に向けた意欲の向上につながる。国語科の手紙の書き方の学習と関連付けて実践すると、教科等横断的に学習を進められる。

期待する子供の反応

誰に自分たちの成長や思いを伝えたいかを明確にし、発表会の準備を行う。

1 ［導入］
小さい頃から今までの私を紙芝居にしよう。赤ちゃんのときの写真は必要だ。

2 ［展開①］
みんな発表を聞いてほしい人がいる。一人一人発表したいな！ありがとうの気持ちも伝えたいな。

3 ［展開②］
招待状をもらったら、A先生は喜ぶかな。お母さんにも喜んでほしい。飾り付けとかの準備もがんばろう！

本時案

発表会の準備を しよう

本時の目標

　発表会の準備やリハーサルを行うことを通して、自分の成長を支えてくれた人々との関わりを踏まえ、相手意識をもって発表の仕方や伝え方を工夫することができる。

資料等の準備

・「すてき物語」
・会場準備に必要な物（輪飾り、画用紙、折り紙、マジック、児童用椅子、参観者用パイプ椅子等）

対話的な学びの視点からの授業改善

➡活動の工夫

🔍**point 1**　一番伝えたいことは何かを明確にし、相手に伝わる伝え方を考えて発表するよう助言する。「発表名人になろう！」というめあてを提示してリハーサルを行い、伝えたいことが相手に伝わるかを確認する。声の大きさや話すスピード、発表内容等について友達からアドバイスをもらい、次時の発表会に向けて準備する。

🔍**point 2**　友達の発表を聞く際には、「聞き取り名人になろう！」というめあてを提示し、発表を聞くようにする。子供同士でアドバイスし合い、学び合いができるようにする。相手の立場に立って考えることの大切さも学ぶことができるようにする。

授業の流れ ▷▷▷

1 会場準備や発表練習を行う

　子供同士が協力し合い、役割分担を行って会場準備を行う。図画工作科の時間で描いた作品を会場に掲示したり、児童会行事等で使用した花飾り・輪飾りを再利用して会場を装飾したりすると、発表会に向けて子供の意欲も高まっていくと考える。

2 発表会のリハーサルを行う

　発表会に向けてリハーサルを行う。生活班内やいくつかのグループに分かれて発表し合う。「発表名人」と「聞き取り名人」になるための視点を提示し、リハーサルを行う。子供は視点に沿って互いに助言し合い、学び合えるようにする。

1 まちの「すてき」たんけんをしよう

2 やさいをそだてよう

3 生きものとなかよし

4 つくってあそぼう

5 幼稚園の友達と仲よくしよう

6 図書館に出かけよう

7 こんなに大きくなったよ

活動：発表のリハーサルを行う

⚲point

①発表するときには、「発表名人になろう!」というめあてを提示する。子供は「声の大きさ・スピード・自分の意見」の３つを意識して発表する。

②発表を聞く側は、「聞き取り名人になろう!」というめあてを提示する。子供は「内容が聞こえたか・内容が分かったか・質問はあるか」を意識して聞く。

---

3 発表会に向けて、相手意識を高める工夫をする

　友達の助言を基に、発表時の声の大きさ・スピード等に気を付けたり、自分の成長や支えてくれた人々への思いを入れたりするなど、聞き手を意識した工夫をする。併せて、発表の形態や順番、準備物等を確認する。

期待する子供の反応

自分の成長を支えてくれた人との関わりを踏まえ、発表の仕方を工夫する。

1 [導入]
発表会に向けて、会場の準備をみんなでがんばろう！

2 [展開]
家族にいつも励ましてもらって、苦手なことができるようになった。家族のおかげで「勇気」がもてるようになったことを発表する。

3 [まとめ]
一番に伝えたいことを、大きく、ゆっくりと話そう！

本時案

発表会を開こう

本時の目標

発表会を開き、自分の成長を支えてくれた人々との関わりを踏まえて、自分の成長の様子や思いを、伝えたい相手に伝わるように発表することができる。

資料等の準備

・「すてき物語」
・発表用原稿等、発表時に必要な物

深い学びの視点からの授業改善

➡活動の工夫

◯point 1 発表会では、聞き手から発表を聞いた感想や発表内容に関連した当時のエピソード等を話してもらい、「双方向の発信」を行うようにする。子供が自分自身の成長とそれを支えてくれた人々との関係について、一層思いや考えを深めていくことができるようにする。

◯point 2 発表会へ参加する保護者や家族、幼保園の先生、1年生のときの担任、校長先生、保健室の先生、地域の方などに、これまでの子供との関わりの中で、子供の昔の様子と今の様子とを比べて、成長した姿が見られる点を感想として伝えてもらうよう、教師が発表会をコーディネートする。

授業の流れ ▷▷▷

1 「すてき物語」を発表する

本時のねらいや発表会の進め方については、事前にお便り等で参観者に周知を図っておく。その際に、子供の昔と今を比べて成長を感じるところや、成長過程におけるエピソード、成長を支える側の思いなどを発表会で話してもらうようにお願いする。

発表時は、子供の主体性に任せ、見守るようにする。発表終了後、参観者との意見交換を図る際にコーディネートする。

限られた時間の中で、子供全員が発表会を通して学びを深められるように、時間配分に十分留意して会を進行する。

1 まちの「すてき」たんけんをしよう

2 やさいをそだてよう

3 生きものとなかよし

4 つくってあそぼう

5 幼稚園の友達と仲よくしよう

6 図書館に出かけよう

7 こんなに大きくなったよ

活動：発表会を行う

♀point

①子供一人一人が発表する。発表を聞いてもらった相手からもコメントをもらう。

②コメントは、子供の発表内容に関わるエピソードや昔と今とを比べて成長した点を話してもらう。

③教師は、発表会を通して、子供が、自分のことや支えてくれた人々について考えが深まるように発表会をコーディネートする。

ありがとうございます

Aさん、たくさん成長したね

ハート型のコメントカード

２ 教師も子供一人一人の成長の様子を伝える

1年生に本当に優しく接してくれてありがとう

わっ！ほめられた

教師からも、この1年間の子供の成長の様子を伝える。一人一人に一番成長したところを言葉で伝えたり、手紙を書いたりして伝える。また、1年間で子供一人一人ががんばっていた場面の写真選び、スライドショーでまとめ、映像で伝える。

期待する子供の反応

自分の成長を支えてくれた人々との関わりを踏まえて、自分の成長の様子を相手に伝える。

1 ［導入］

お父さん、お母さんに私の成長したところを伝えるんだ！

2 ［展開］

家族のために、自分から進んでお手伝いするようになったことが、成長を感じるってお母さんが言ってくれた。

3 ［まとめ］

先生も、1年生と学校探検に行ったときのことをほめてくれた！

本時案

発表会を振り返ろう

15/18

本時の目標

発表会を振り返る活動を通して、自分の成長について新たに気付いたことや考えたことを、互いに伝え合うことができる。

資料等の準備

・「すてき物語」
・参観者からの感想が書かれたアンケート

→板書の工夫

point 1 発表会終了後に、発表を聞いたアンケートを参観者に記述してもらい、子供たちに紹介する。教師はそれらを表に整理し、黒板に可視化することで、発表会における子供の学びを確かなものにする。

point 2 発表会を通した学びを価値付ける。「伝えたい人に思いが伝わったときの喜び」「自分の考えを発信したときの充実感」「発表を聞いた人々が喜んでくれたことへのうれしさ」など、子供が新たな気付きを得ることで、今後の活動に対して主体的に取り組むことができるようにする。

授業の流れ ▷▷▷

1 互いに発表会を終えて気付いたことや考えたことを伝え合う

発表会を終えて新たに気付いたことや考えたことを、発表し合う。相手に思いが伝わったときの喜びや自分の思いを発信することの楽しさ、自分の成長を喜んでくれる人がいることのうれしさにつながる発言などを板書にまとめていく。

2 発表会参観者からの感想を紹介する

発表会終了後に参観者に書いてもらったアンケートを子供に紹介する。子供の更なる成長につながるようなコメントやたくさんの人々の支えがあって成長してきたことを伝える内容、発表の様子からも成長がうかがえたことを称賛する内容などを板書にまとめていく。

1 まちの「すてき」たんけんをしよう

2 やさいをそだてよう

3 生きものとなかよし

4 つくってあそぼう

5 幼稚園の友達と仲よくしよう

6 図書館に出かけよう

7 こんなに大きくなったよ

発表会をふり返ろう

もらったコメント

- どうどうと発表するすがたにかんどうしたよ。

- 自分のせい長が分かったことがうれしかった。心も体も、もっと大きくなってね

- たくさんの人があなたを見守っていることをわすれないでね。

発表して気付いたこと・考えたことは？

- 大きな声で話せた。じしんがついた。
- ようちえんの先生が発表を聞いてよろこんでいた。自分もうれしい。
- 発表を聞いているお母さんがうなずいて聞いていた。伝わっていると感じた。

自分のせい長＝多くの人が見守っている、ささえている
「ありがとう」をつたえたいな！

3 たくさんの人々に支えられて成長してきたことを確認する

たくさんの人に支えられました

　子供は板書に整理された内容を見て、自分自身の成長を理解し、自信がもてるようにする。また、これまで多くの人に見守られながら成長してきたことを確認し、成長を支えてくれた人々への感謝の気持ちをもつことができるようにする。

期待する子供の反応

発表会を通して、新たに気付いたことや考えたことを伝え合い、成長を支えてくれた人々へ感謝の気持ちをもつ。

1 ［導入］
発表会では、ドキドキしたけど最後まで大きな声で発表できた。

2 ［展開］
幼稚園の先生が「2年間で心も体も、とっても成長したね」と感激していた。うれしい！

3 ［まとめ］
僕たちの成長を見守ってくれた人たちに感謝の気持ちを伝えたいな…。

本時案

「ありがとう」を伝えよう

16/18

本時の目標

自分の成長や自分を支えてくれた人々への感謝の気持ちを手紙で伝えることができる。

資料等の準備

- 便箋
- 封筒
- 84円切手
- 郵便番号簿

主体的な学びの視点からの授業改善

→**活動の工夫**

point 1 発表会を聞きに来た人へ、感謝の気持ちを込めて手紙に書き表す。自分や自分の成長を支えてくれた人の思いを知り、分かったことや考えたことを書く活動を通して、本単元全体における学びを振り返るようにする。また、次時の活動につながる新たな気付きを、子供自身が見いだすことができるようにする。

point 2 「ポストに自分で手紙を出す」ということを導入で子供に伝え、本時の活動への意欲を高める。正しく宛名を書いたり、切手を貼ったりしながら、投函するまでを子供自身が行う。手紙という通信手段を、今後も自分で活用できるようにする。

授業の流れ ▷▷▷

1 本時のめあてを知る

今日はこの前に来てくれた人へ手紙を書くよ。この前の感想のプリントを渡すね

前時の内容を振り返り（板書等を模造紙に書き写したり、写真に残したりして子供に提示）、発表会に来てくれた人に、「ありがとう」の気持ちを手紙で伝えるという、本時のめあてを確認する。手紙は投函するまで自分たちで行うことを子供に伝える。

2 感謝の気持ちを手紙に書き表す

おじいちゃんに何て書いたら喜んでくれるかな…

自分の成長を見守ったり、自分の成長を喜んだりしてくれることへの「ありがとう」を伝えるようにする。本単元全体の学びを振り返る場面になる。つまずきが見られた子供には、一緒に学びの履歴を確認する。

活動：感謝の気持ちを手紙で伝える

point

①手紙を書くことを通して、本単元全体の学びを振り返る。
②子供自身が自分で手紙を投函することを経験する。

1 まちの「すてき」を
したんけんを
しよう

2 やさいを
そだてよう

3 生きものと
なかよし

4 つくって
あそぼう

5 幼稚園の
友達と
仲よくしよう

6 図書館に
出かけよう

7 こんなに
大きくなったよ

3 自分で手紙を出す

国語の手紙の書き方の学習や、本単元における発表会の招待状を書く学習での経験を基にする。宛名等を正しく書き、ポストに入れるまでを子供自身が行う。教師は、事前に学校付近のポストの場所を調べておく。みんなで出かけ、ポストに投函する。

期待する子供の反応

自分の成長を支えてくれた人々へ、感謝の気持ちを手紙で伝える。

1 [導入]

発表会を見に来てくれた幼稚園の先生に、「ありがとう」の手紙を書こう！

2 [展開]

みんなの前で大きな声で発表しているのを見て喜んでくれた。私もうれしかったよ。

3 [まとめ]

返事がくるか楽しみだな！手紙を出すって楽しい！できることがまた1つ増えた！

本時案

もっともっと
「すてき」な
ぼく・わたしに

本時の目標

　3年生になった自分の姿を思い描き、これまでの自分の成長を基に、3年生でも更に成長できることに気付くことができる。

資料等の準備

・画用紙や作文用紙、便箋、短冊等、3年生になった自分を表現するための材料

主体的な学びの視点からの授業改善
→板書の工夫

point 1 3年生が、どんな学習や生活をしているかを具体的に知ることができるようにする。授業を見学したり、3年生の子供に話を聞いたりする。社会科や理科、総合的な学習の時間といった新しい教科等の学習が増えることや、教室に掲示してある図画工作等の作品、意見を発表するときの話し方・聞き方など、2年生との違いに子供が気付けるように、表を用いて板書していく。

point 2 前時に自分で手紙を出せたことを想起し、これからもできることが増え、成長していけることに気付かせる。そして、どんな3年生になりたいか、何をがんばりたいか、多様な方法で表現する。

授業の流れ ▷▷▷

1 　3年生の授業を参観する

　理科の実験の授業など、3年生になって初めて経験する授業を参観する。学習内容や教室掲示、発表の様子から2年生と3年生の違いに気付けるようにするとともに、3年生への「憧れ」がもてるようにする。

2 　3年生になった自分を思い描き、表現する

　どんな3年生になりたいか、3年生でどんなことをがんばりたいかを簡単に伝え合い、板書する。絵や作文、手紙、短冊など、多様な方法で表現できるようにする。理由も明確にするよう伝える。

もっと もっと 「すてき」な　ぼく・わたしに

2年生	3年生になると…	
・国語と算数、生活科、音楽、図工、体育の じゅぎょう		・3年生は、「理科」「社会」「総合的な学習の時間」を新しくべん強する
・音楽はけんばんハーモニカ		・音楽で「リコーダー」をする
・運動会はまっすぐ50m走る		・運動会は校庭半分走る、カーブがある、きょりも長い（80m）
・どうどうと発表したい、しんけんに聞く		・話す時ハキハキ、聞く時顔むける など

【どんな3年生になりたい？3年生でがんばりたいことは？】
○理科のじっけん　　○大きなこえで自分の気持ちを話す　　○低学年にやさしく
○体育でとびばこを5だんにチャレンジ　　○先生に言われる前に当ばんのしごとをする
○リコーダー　　○ならったかん字をつかって作文を書く　　○どくしょをいっぱいする

3　3年生になった自分を「すてき物語」に加える

これからは、新しいことにチャレンジするぞ！

　3年生になった自分の姿を作品に表し、「すてき物語」に付け足す。自分のよさに自信をもつとともに、3年生での更なる成長に向けて、願いや思いをもつことができるようにする。これからの学習や生活において、一層意欲的に通り組むことができるように励ます。

期待する子供の反応

自分自身のよさが分かり、これからも成長できることに気付く。

1 ［導入］
3年生では新しい教科の勉強をするんだ。発表も上手だなあ。僕も、「すてき」な3年生になれるかなぁ。

2 ［展開］
理科や社会を勉強するのが楽しみ！自分の考えもはっきり話せるようにしたい！

3 ［まとめ］
3年生では、たくさんのことにチャレンジしていこう！1・2年生に「格好いい」と思われる3年生になるんだ！

1　まちの「すてき」をたんけんをしよう

2　やさいをそだてよう

3　生きものとなかよし

4　つくってあそぼう

5　幼稚園の友達と仲よくしよう

6　図書館に出かけよう

7　こんなに大きくなったよ

本時案

3年生へ
レッツ・ゴー！

本時の目標

　3年生になった自分の姿を、進んで互いに発表し合い、これからの成長に願いをもって、意欲的に学習や生活に取り組むことができる。

資料等の準備

・「すてき物語」

深い学びの視点からの授業改善

➡活動の工夫

🔎**point 1**　3年生になった自分を発表し合い、各自の更なる成長に対する願いや思いを共有する。友達の発表を聞いて、自分と共通していることや違うことを出し合い、伝え合う。

🔎**point 2**　2年生の残りの期間でどんなことを学級全員でがんばっていくかを話し合う。自分たちの願いや思いを実現するために、自分自身の成長と自分の生活とを見つめ直し、みんなで今がんばるべきことを、身近なところから発見できるようにする。

授業の流れ ▷▷▷

1　「すてき物語」に加えた3年生になった自分を発表する

> 私は3年生になったら……をしてみたいです

　前時に「すてき物語」に加えた3年生になったときの自分を、一人一人発表し合う。発表終えた子供には、教師から励ましの声かけをする。子供一人一人が目指そうとしている3年生の姿を、教師が全員の前で価値付けることで、互いに認め合う心が一層育つ。

2　全員の発表を聞いた感想を伝え合う

> 私は1・2年生に優しい3年生になりたいな

> 思いやりがもてるようになりたい

　全員の発表を聞いた後、自分と共通していたことや自分と違っていたこと、友達の発表を聞いて新しく気付いたこと・考えたこと等を伝え合う。互いの感想を交流することで、3年生になったときの自分に対する、子供の思いや考えを深めることができる。

活動：3年生になったときの自分の姿を伝え合う

point
①一人一人が思い描いた3年生になった自分を、学級で共有する
②目指す3年生に近付けるよう、これからの学習や生活でみんなでがんばりたいことを話し合う

僕たちも上級生に優しくして
もらったので、皆さんも優しく
してあげてください

新しい授業でも
みんなで協力して
学んでください

困っている人を助けてあげる
3年生になりたい

3年生

1 まちの「すてき」たんけんをしよう

2 やさいをそだてよう

3 生きものとなかよし

4 つくってあそぼう

5 幼稚園の友達と仲よくしよう

6 図書館に出かけよう

7 こんなに大きくなったよ

3 2年生の残りの期間、みんなでがんばりたいことを話し合う

これからみんなで
もっともっと協力
していきたいです

2年生の残りの期間は少ない。自信をもって3年生に進級できるようにしたい。目指す3年生になることができるように、学級全員で、今、がんばりたいことを、話し合って決める。学級活動で学級目標を振り返る学習と関連付けると、より効果的である。

期待する子供の反応

3年生での成長を目指し、目前の学習や生活に意欲的に取り組もうとする。

1 [導入]
3年生になったら、1年生や2年生に優しくできるお姉さんになりたい。

↓

2 [展開]
1・2年生に優しくて、格好いいと思われる3年生になりたい！

↓

3 [まとめ]
友達といつでも協力したり、困っている友達を進んで助けたりできるようになる！思いやりがいっぱいのクラスにして、3年生になろうよ！

編著者・執筆者一覧

[編著者]

田村　学（たむら　まなぶ）　　　　　　**國學院大學教授**

昭和37年新潟県生まれ。新潟大学教育学部卒業後、昭和61年 4 月より新潟県公立小学校教諭、新潟県上越市立大手町小学校教諭、上越教育大学附属小学校教諭、新潟県柏崎市教育委員会指導主事を経て、文部科学省初等中等教育局教育課程課教科調査官・国立教育政策研究所教育課程研究センター研究開発部教育課程調査官。文部科学省初等中等教育局視学官として新学習指導要領作成に携わる。平成29年 4 月より現職。主著に『考えるってこういうことか！「思考ツール」の授業』『こうすれば考える力がつく！中学校思考ツール』（ともに小学館）、『今日的学力をつくる新しい生活科授業づくり』（明治図書出版）、『「探究」を探究する』（学事出版）、『新教科誕生の軌跡』『授業を磨く』『生活・総合アクティブ・ラーニング』『カリキュラム・マネジメント入門』『深い学び』（いずれも東洋館出版社）など。

[執筆者] ＊執筆順。所属は令和 2 年 2 月現在。

		[執筆箇所]
田村　学	（前出）	まえがき、生活科における授業のポイント
片岡　麻梨子	横浜市立戸部小学校教諭	1　まちの「すてき」たんけんをしよう
青池　智美	新潟市立浜浦小学校教諭	2　やさいをそだてよう
大下　さやか	新潟県柏崎市立剣野小学校教諭	3　生きものとなかよし
山下　奈美子	千葉県浦安市立入船小学校教諭	4　つくってあそぼう
相澤　仁哉	横浜市立左近山小学校教諭	5　幼稚園の友達と仲よくしよう
徳山　敬倫	横浜国立大学教育学部附属鎌倉小学校教諭	6　図書館に出かけよう

『イラストで見る全単元・全時間の授業のすべて 生活 小学校2年』付録DVDについて

・各フォルダーには、以下のファイルが収録されています。
　① 板書の書き方の基礎が分かる動画（出演：成家雅史先生）
　② 授業で使える短冊類（PDFファイル）
　③ 学習指導案のフォーマット（Wordファイル）
　④ 児童用の学習カード・掲示資料（Wordファイル、PDFファイル）
・DVDに収録されているファイルは、本文中ではDVDのアイコンで示しています。
・これらのファイルは、必ず授業で使わなければならないものではありません。あくまで見本として、授業づくりの一助としてご使用ください。

【使用上の注意点】
・このDVDはパソコン専用です。破損のおそれがあるため、DVDプレイヤーでは使用しないでください。
・ディスクを持つときは、再生盤面に触れないようにし、傷や汚れ等を付けないようにしてください。
・使用後は、直射日光が当たる場所等、高温・多湿になる場所を避けて保管してください。
・PDFファイルを開くためには、Adobe AcrobatもしくはAdobe Readerがパソコンにインストールされている必要があります。
・PDFファイルを拡大して使用すると、文字やイラスト等が不鮮明になったり、線にゆがみやギザギザが出たりする場合があります。あらかじめご了承ください。

【動作環境　Windows】
・〔CPU〕Intel® Celeron® プロセッサ360J1. 40GHz以上推奨
・〔空メモリ〕256MB以上（512MB以上推奨）
・〔ディスプレイ〕解像度640×480、256色以上の表示が可能なこと
・〔OS〕Microsoft Windows10以降
・〔ドライブ〕DVDドライブ

【動作環境　Macintosh】
・〔CPU〕Power PC G4 1.33GHz以上推奨
・〔空メモリ〕256MB以上（512MB以上推奨）
・〔ディスプレイ〕解像度640×480、256色以上の表示が可能なこと
・〔OS〕Mac OS 10.12（Sierra）以降
・〔ドライブ〕DVDコンボ

【著作権について】
・DVDに収録されているファイルは、著作権法によって守られています。
・著作権法での例外規定を除き、無断で複製することは法律で禁じられています。
・DVDに収録されているファイルは、営利目的であるか否かにかかわらず、第三者への譲渡、貸与、販売、頒布、インターネット上での公開等を禁じます。
・ただし、購入者が学校での授業において、必要枚数を子供に配付する場合は、この限りではありません。ご使用の際、クレジットの表示や個別の使用許諾申請、使用料のお支払い等の必要はありません。

【免責事項】
・このDVDの使用によって生じた損害、障害、被害、その他いかなる事態についても弊社は一切の責任を負いかねます。

【お問い合わせについて】
・このDVDに関するお問い合わせは、次のメールアドレスでのみ受け付けます。　tyk@toyokan.co.jp
・このDVDの破損や紛失に関わるサポートは行っておりません。
・パソコンやアプリケーションソフトの操作方法については、各製造元にお問い合わせください。

イラストで見る　全単元・全時間の授業のすべて

生活 小学校 2 年
～令和 2 年度全面実施学習指導要領対応～

2020(令和 2) 年 3 月10日　初版第 1 刷発行
2020(令和 2) 年 6 月27日　初版第 2 刷発行

編 著 者：田村　　学
発 行 者：錦織　圭之介
発 行 所：株式会社東洋館出版社
　　　　　〒113-0021　東京都文京区本駒込 5 丁目16番 7 号
　　　　　営 業 部　電話 03-3823-9206　FAX 03-3823-9208
　　　　　編 集 部　電話 03-3823-9207　FAX 03-3823-9209
　　　　　振　　替　00180-7-96823
　　　　　Ｕ Ｒ Ｌ　http://www.toyokan.co.jp

印刷：藤原印刷株式会社

装丁デザイン：小口　翔平＋岩永　香穂（tobufune）
本文デザイン：藤原印刷株式会社
イラスト：小林　裕美子（株式会社オセロ）
DVD 制作：秋山　広光（ビジュアルツールコンサルティング）
　　　　　　株式会社オセロ

ISBN978-4-491-04013-4　　　　　　　　　　Printed in Japan